社会福祉論

－保育士・栄養士・看護師が学ぶ社会福祉－

監修　小宅　理沙

編著　吉川　知巳

現代図書

はじめに

　「保育士の業務とは何ですか？」と聞かれた時、あなたはどのように答えるだろうか。また、「栄養士の業務は何ですか？」「栄養士と社会福祉領域との関係とはどのようなものですか？」あるいは、「社会福祉領域で活躍する看護師さんの仕事内容を知っていますか？」と聞かれた時、あなたは答えられるだろうか。

　たとえば、１番初めの問いに関しては、「保育士とは、子どもの保育をする職業です。」という答えが一般的かもしれない。確かに、児童福祉施設においては保育所で活躍することを見聞きすることが多いと思われる。しかし、その他の児童福祉施設である、乳児院や児童養護施設等においても保育士の活躍の場は多様である。また、「保育所での仕事」一つを取り上げてみても、子どもの保育だけにとどまることはない。保育士の仕事内容に関しては、子どもの保育はもちろん、「子どもの保護者への支援」等が法律にて明文化されている。つまり、保育士の仕事一つを取り上げてみても、イメージのみが先行し、法律的位置づけについてはなおさら明確に理解できている人は少ないと思われる。

　このことは、栄養士や看護師に関しても同様のことがいえる。つまり、栄養士や看護師の職務内容は何となくイメージできていても、実際の職務内容や、特に、社会福祉領域では具体的にどのように活躍しているのかなどについて、明確に答えられる人は少ない。

　本書は、保育士や栄養士、看護師が『社会福祉』を学ぶ意味および実際、資格取得した後、社会福祉領域においてどのように活躍していけるのかを理解し、そのために必要となる専門的知識や技術、法律などについて習得していくことを目的として書き下ろしたものである。

　専門職を目指す皆さん、国家資格取得を目指す皆さん、あるいはすでに専門家として活躍されている皆さんが、社会福祉の現場において単なる「イメージ」ではなく、きちんとした専門的な知識や技術を身に付けられることを切望する。

　最後に、この本を分担執筆していただいた諸先生方をはじめ、『社会福祉学』の編集の機会をつくって下さった、現代図書の溝上氏・池田氏にこの場を借りて厚く御礼申し上げる。

平成 28 年 10 月 15 日

監　修

小宅　理沙

目　次

はじめに ……………………………………………………………………………… iii

序　章　社会福祉とは………………………………………………………………… 1

第1章　私たちの生活と社会保障 −社会保障の体系と社会保険− ……………… 3
　Ⅰ 社会保障とは ……………………………………………………………………… 3
　Ⅱ 社会保障の機能 …………………………………………………………………… 4
　Ⅲ 社会保障の体系 …………………………………………………………………… 4
　　1 社会保険の種類 ………………………………………………………………… 5
　　2 生活保護の種類 ………………………………………………………………… 6
　　3 社会手当 ………………………………………………………………………… 6
　　4 社会福祉 ………………………………………………………………………… 7
　Ⅳ 社会保障の財源 …………………………………………………………………… 7
　Ⅴ 社会保障の沿革 …………………………………………………………………… 9
　　1 イギリスの社会保障の沿革 …………………………………………………… 9
　　2 社会福祉調査法 ………………………………………………………………… 10
　　3 ベヴァリッジ報告 ……………………………………………………………… 10
　　4 ドイツの社会保険制度の導入 ………………………………………………… 11
　　5 わが国の社会保障の沿革 ……………………………………………………… 11
　Ⅵ 社会保障の課題 …………………………………………………………………… 13

第2章　公的扶助 −最低限の生活保障− ………………………………………… 15
　Ⅰ 公的扶助の概要 …………………………………………………………………… 15
　Ⅱ わが国の公的扶助制度の歴史 …………………………………………………… 15
　Ⅲ 生活保護制度の仕組み …………………………………………………………… 16
　　1 生活保護制度の目的・原理・原則 …………………………………………… 16
　　2 生活保護の種類と方法 ………………………………………………………… 17
　　3 被保護者の権利および義務 …………………………………………………… 19
　　4 不服の申立て …………………………………………………………………… 21
　　5 生活保護制度の行政の役割 …………………………………………………… 21
　　6 生活保護の実施 ………………………………………………………………… 22
　Ⅳ 低所得対策 ………………………………………………………………………… 23

第3章　「食」と「社会福祉」−栄養士が社会福祉を学ぶ目的とその意義− ……… 25
　Ⅰ 「生活する」とは ………………………………………………………………… 25
　Ⅱ 生活するために必要なこと ……………………………………………………… 25
　Ⅲ 食の保障のために行われていること …………………………………………… 26
　Ⅳ 社会福祉施設における食の保障 ………………………………………………… 29

　　　　1　保育所　……………………………………………………………………　30

　　　　2　乳児院　……………………………………………………………………　31

　　　　3　児童養護施設　……………………………………………………………　31

　　　　4　障害児入所施設・障害者支援施設　……………………………………　31

　　Ⅴ　食の保障と生活の保障との関係　……………………………………………　32

第4章　「子ども」の人権と「社会福祉」
　　　　　　　－保育士が社会福祉を学ぶ目的とその意義－　……………………　35

　　Ⅰ　社会福祉の歴史から考える保育士　…………………………………………　35

　　　　1　戦前の保育　………………………………………………………………　35

　　　　2　戦後の社会福祉と保育　…………………………………………………　36

　　Ⅱ　社会福祉を担う保育士の役割　………………………………………………　36

　　　　1　保育士とは　………………………………………………………………　36

　　　　2　家庭及び地域の支援　……………………………………………………　37

　　　　3　ソーシャルワーク機能が求められる保育士　………………………………　38

　　　　4　近年の保育士を取り巻く状況　…………………………………………　41

　　Ⅲ　子どもの人権　…………………………………………………………………　42

　　　　1　子どもの人権とは　………………………………………………………　42

　　　　2　子どもの人権を擁護する法律・条例とは　…………………………………　42

　　Ⅳ　子どもの人権を擁護する保育士として望まれること　………………………　44

　　　　1　子どもの人権意識を高めるために　……………………………………　44

　　　　2　保育士自身の人権感覚・人権意識を高めるために　…………………………　45

第5章　「健康」と「社会福祉」－看護師が社会福祉を学ぶ目的とその意義－　…　47

　　Ⅰ　看護師が活躍する社会福祉領域における施設　……………………………　47

　　　　1　児童福祉施設　……………………………………………………………　47

　　　　2　老人福祉施設　……………………………………………………………　47

　　　　3　障害者支援施設　…………………………………………………………　50

　　Ⅱ　社会福祉施設等における看護師の役割　……………………………………　50

　　　　1　児童福祉施設等における看護師の仕事内容　………………………………　50

　　　　2　老人福祉施設における看護師の仕事内容　…………………………………　50

　　　　3　障がい者のための施設における看護師の仕事内容　………………………　51

　　　　4　障がい児のための施設における看護師の仕事内容　………………………　51

　　Ⅲ　訪問看護　………………………………………………………………………　52

　　　　1　訪問看護における看護師の仕事内容（成人）…………………………………　53

　　　　2　訪問看護における看護師の仕事内容（子ども）………………………………　56

第6章　児童家庭福祉　－子ども家庭福祉の体系と家庭支援－………………………　59

　　Ⅰ　児童家庭福祉の体系　…………………………………………………………　59

　　　　1　児童福祉の対象　…………………………………………………………　59

2　子ども家庭福祉施策の体系 ……………………………………… 60
　Ⅱ　子どもの権利保障と子ども観 ……………………………………… 67
　　1　子どもの権利条約ができるまで ……………………………… 67
　　2　子ども観 ………………………………………………………… 69
　Ⅲ　子どもの最善の利益における家庭支援 …………………………… 70
　　1　子どもの最善の利益 …………………………………………… 70
　　2　子ども家庭支援 ………………………………………………… 70

第7章　高齢者福祉 −高齢者の生活と介護− …………………………… 73
　Ⅰ　高齢化とその状況 …………………………………………………… 73
　　1　急速に進む高齢化 ……………………………………………… 73
　　2　高齢者の健康と不安 …………………………………………… 73
　　3　高齢者の生活 …………………………………………………… 75
　Ⅱ　高齢者介護の状況 …………………………………………………… 76
　　1　要介護者数 ……………………………………………………… 76
　　2　認知症の介護 …………………………………………………… 77
　　3　老老介護 ………………………………………………………… 78
　　4　介護を受けたい場所 …………………………………………… 78
　　5　介護福祉の対象者 ……………………………………………… 78
　　6　介護福祉の視点 ………………………………………………… 79
　Ⅲ　在宅介護 ……………………………………………………………… 80

第8章　障がい者福祉 −差別・偏見の是正を求めて− ………………… 83
　Ⅰ　身体障害者福祉法から支援費制度までの変遷 …………………… 83
　　1　身体障害者福祉法・知的障害者福祉法 ……………………… 83
　　2　施設設置促進とノーマライゼーション ……………………… 83
　　3　国際障害者年とその影響 ……………………………………… 84
　Ⅱ　支援費制度からの新たな展開 ……………………………………… 85
　　1　支援費制度 ……………………………………………………… 85
　　2　障害者自立支援法 ……………………………………………… 85
　　3　障害者自立支援法の廃止 ……………………………………… 86
　　4　障害者総合支援法 ……………………………………………… 86
　　5　障害者権利条約の批准と対応 ………………………………… 87
　　6　障害者差別解消法 ……………………………………………… 88
　Ⅲ　拡大する障がい者福祉時代の課題 ………………………………… 88

第9章　社会福祉領域における専門機関 ………………………………… 91
　Ⅰ　国の社会福祉行政機関 ……………………………………………… 91
　　1　厚生労働省 ……………………………………………………… 91
　　2　審議会等 ………………………………………………………… 92

Ⅱ 地方公共団体の社会福祉行政機関 ……………………………… 93
　1 福祉事務所 ……………………………………………………… 93
　2 児童相談所 ……………………………………………………… 94
　3 身体障害者更生相談所 ………………………………………… 97
　4 知的障害者更生相談所 ………………………………………… 99
Ⅲ その他の社会福祉行政機関 …………………………………… 99
　1 社会福祉協議会 ………………………………………………… 99
　2 社会福祉法人 …………………………………………………… 101
Ⅳ 社会福祉領域機関における今後の課題 ………………………… 102

第10章　社会福祉領域における専門職 ……………………… 105
Ⅰ 社会福祉事業従事者の概況 …………………………………… 105
　1 社会福祉施設職員 ……………………………………………… 105
　2 社会福祉行政の専門機関職員 ………………………………… 108
　3 社会福祉協議会の職員 ………………………………………… 109
Ⅱ 社会福祉専門職の国家資格 …………………………………… 109
　1 社会福祉士 ……………………………………………………… 110
　2 介護福祉士 ……………………………………………………… 111
　3 精神保健福祉士 ………………………………………………… 112
Ⅲ 社会福祉領域における専門職に求められるもの …………… 113
　1 専門職に求められる倫理 ……………………………………… 113
　2 専門職に求められる繋いでいく力　～ネットワーク作り～ …… 115

第11章　クライエントの人権と支援者の自己覚知 ………… 117
Ⅰ エンパワメント ………………………………………………… 117
　1 エンパワメントの原理 ………………………………………… 117
　2 エンパワメント・アプローチの方法 ………………………… 118
Ⅱ 自己覚知 ………………………………………………………… 119
　1 自己覚知の必要性 ……………………………………………… 119
　2 逆転移の防止 …………………………………………………… 121
　3 防衛機制からの発言を防ぐ …………………………………… 122
Ⅲ セルフエスティーム …………………………………………… 123
Ⅳ 燃え尽きないために …………………………………………… 123

◆児童福祉法の一部を改正する法律：新旧対照表 ………………… 127
◆編著者紹介 ………………………………………………………… 149

序 章　社会福祉とは

　「福」・「祉」の意味には、「幸せにする」や「幸福」の意味がある。そして現代社会では「救貧・慈悲という気の毒な人たちを救うという限定された人を援助する Welfare から、自らの意思で援助を選択できる Well-being」に移行しているといえる。

　ここで、社会福祉の意味を考えてみると、「社会」や「Social」という用語には、人々の抱える生活問題や生活課題を「個人」の責任とするのではなく、「社会全体の枠組み」からとらえる必要があることが示唆されている。

　つまり、人々には幸福（Well-being）を追求する権利があるといえ、またこの権利を保障することは「社会」の責任といえる。

　そして、さまざまな制度や政策が目的とする理念や目標、それが「目的概念」としての社会福祉といえ、この目的概念としての社会福祉を実現するための具体的な制度や政策そのものが、「実体概念」としての社会福祉といえる。

　後者の「実体概念」としての社会福祉の領域は非常に幅広いが、一般的には広義と狭義で捉えることができる。

　まず、広義の社会福祉とは、福祉国家や福祉社会の実現を目指す多様な政策や事業、例えば、所得、医療、介護などを保障する「社会保障制度」や教育、住宅、雇用などの制度、「教育制度」や「就労政策」などを含めて社会福祉という場合には、広義の社会福祉といえる。

　一方で、狭義の社会福祉では、社会保障制度の公的扶助の部分と、児童、障がい児・者、ひとり親、高齢者、女性、あるいは経済的困窮者など、いわゆる「社会的弱者」とされる人のうち、日常生活を送るのに何らかの困難を伴うケースへ焦点をあてた支援に関することを扱う。今日の法制度でいうと、福祉六法があり、それは生活保護法、児童福祉法、身体障害者福祉法、知的障害者福祉法、老人福祉法、母子及び父子並びに寡婦福祉法であり、またその他にも介護保険法や障害者総合支援法など、これら福祉関連の法律に基づく各種のサービスが、狭義の社会福祉であるということになる。

　そして、これら福祉関連の法律に基づく各種支援を実施する専門家のなかに、保育士や栄養士、看護師などがあげられるのである。

＜参考文献＞

三好禎之編『初めての社会福祉論』法律文化社、2015 年

CONDEX 編『社会福祉士合格指導講座－テキスト 2 －』U-CAN、2014 年

第1章	# 私たちの生活と社会保障 －社会保障の体系と社会保険－

I　社会保障とは

　私たちは、疾病や怪我をしたときには「医療保険」、また退職したときは「公的年金」を受けているのはご存じであろう。

　私たちの生活のリスク（生活問題）に直面したときに、社会全体で支え、支援することは重要であり、これを「社会保障」と呼んでいる。

　この社会保障の淵源は、日本国憲法25条の生存権に由来し、同条1項において「すべて国民は、健康で文化的な最低限の生活を営む権利を有する。」とあり、国民の最低限の生活は国が保障することになっている。また同条第2項には「国は、すべての生活部面について社会福祉、社会保障及び公衆衛生の向上及び増進に努めなければならない。」と規定し、社会保障は国の責務であり、私たちは権利としての社会保障をこの生存権規定から享受できるようになった。

　しかし、社会保障が何を意味するのか、社会保障の概念については憲法に規定されていないため、1950（昭和25）年に社会保障制度審議会が、「社会保障制度に関する勧告」にて社会保障の概念を規定し、この概念が、今日の社会保障を位置づけている。この概念は次のとおりである。

　「社会保障とは、疾病、負傷、分娩、廃疾、死亡、老齢、失業、多子その他困窮の原因に対し、保険的方法または直接公の負担において経済保障の途を講じ、生活困窮に陥った者に対しては、国家扶助によって最低限の生活を保障するとともに、公衆衛生および社会福祉の向上を図り、もってすべての国民が文化的社会の成員たるに値する生活を営むことができるようにすることをいうのである。」

　このように、社会保障の中核は社会保険であり、同保険でカバーできない場合公的扶助が補完する構図である。また、高齢者、障がい者、子ども等の社会福祉も社会保

障の1つである。

　以上が社会保障の概念であるが、西欧においては、社会保障の概念はわが国と同じでなく、英米では所得保障を指し、社会保障の概念は今のところ統一されていない。

Ⅱ　社会保障の機能

　社会保障の中核の機能は、社会保険である。同保険は、日常生活における社会的事故を想定し、例えば「失業」、「傷病」、「介護」、「死亡」、「障害」等に直面した時、経済的、社会的に安定した生活ができるように公的な支援を行うことである。

　この節では、社会保障の機能を大まかに見ていくことにする。

　生存権については、先述したとおり、私たちはどのような社会的事故にあっても、健康で文化的な最低限度の生活を営むことができる。つまり、社会保障は、生活の維持、安定のために存在している。

　また、社会保障の財源は「税」「社会保険料」で成り立っている。稼得能力の高い者から、「税」、「保険料」を徴収し、所得の少ない者に分配する所得再分配が、これまでの社会保障の機能であった。この分配は、特に「税」の累進課税に導入されている。

　しかし、今日では同じ水準の所得者層から同じ所得者層に対して、「税」、「保険料」を分配する水平的再分配が主流となっている。

　また、世代間再分配は、公的年金に見られるように、若者層が高齢者層を支えることであり、世代間の扶養を指す。加えて、賦課方式であり、平たく言えば、社会的仕送りである。

　その他の機能として、「育児」、「介護」等が家庭で滞っている場合、保育サービス、介護サービスは「家族機能」を補完する。

　さらに、社会保障が整備、充実していくことにより、「社会の安定機能」や年金、手当等の金銭給付のため、経済における消費活動を刺激することにより、「経済を安定させる機能」も持っている。

　このように社会保障は私たちの生活全般をカバーしており、社会的なセーフティネットの役割を果たしていることが理解できよう。

　最近では、公的な支援だけでなくボランティアやＮＰＯ（非営利組織）のサービスも社会保障の1つと考えられており、社会保障の供給主体は多様化している。

Ⅲ　社会保障の体系

　社会保障の概念は先述したとおり、私たちの生活全体をカバーする公的支援であり、

この支援は多岐にわたる。

社会保障の中核は「社会保険」である。この制度は貧困を防ぐ役割であり、保険の原理を利用したしくみである。

同保険の特徴は、あらかじめ社会的事故を想定し、この事故にあえば給付が受けられるというものである。

この保険の財源は基本的には「保険料」であり、給付を受けるためには原則保険料の負担が課せられる。つまり、保険料を負担する義務に対して、権利として給付が受けられる。しかし、低所得者等に対しては保険料の減免が規定されている。

また同保険は強制加入であり、加入しないという選択肢はない。さらに現在の同保険は、基本的に本人の負担と事業主の負担があり、労使で折半している。そして、同保険の管理運営は国や地方自治体等の公的な機関が担っている。

なお、わが国の社会保障は5つの制度から構成されており、内容は次のとおりである。「年金保険」、「医療保険」、「介護保険」、「雇用保険」、「労災保険」がある。各制度の概要については、別の節で説明する。

「社会扶助」は貧困対策から発展し、「救貧法」から「公的扶助」へ再編され、財源は「公費」（税金）で賄われている。「公的扶助」の中核は、「生活保護」であり、憲法25条生存権の規定に基づいて、戦後、「生活保護法」が1946（昭和21）年に制定された。

同法は、生活困窮した場合や、家族、親族等の支援が受けられない時、また、自分が持っている財産、資産等を生活費に充当しても、国が定めている最低生活費に満たない場合に保護を受けることができる。「社会保険」との違いは、資産調査（ミーンズテスト）が行われるため、本人等にスティグマ（恥意識）を伴うことである。調査は、財源が公費のため不正受給等がないように厳格に行われる。

1　社会保険の種類

（1）年金保険

公的年金には、20歳から60歳未満の者すべてが加入する国民年金がある。この年金は「老齢基礎年金」、「障害基礎年金」、「遺族基礎年金」の3つの制度で構成されている。

また、雇用されている者は「厚生年金」に加入し、所得に応じた年金を支給し、「老齢厚生年金」、「障害厚生年金」、「遺族厚生年金」がある。

なお、公務員が加入する「共済年金」は、2015（平成27）年10月に「厚生年金」と統合した。

（2）医療保険

「傷病」等により、治療等を受けることができる。職域により異なり、自営業者等

は市町村が管理する「国民健康保険」、民間企業等に雇用されている者は「全国健康保険組合」（通称協会けんぽ）、大企業等に雇用されている者は「組合管掌健康保険」に加入している。保険者はそれぞれ「国民健康保険」、「都道府県健康保険組合」、「健康保険組合」である。公務員は「共済組合」に加入し、保険者は国、自治体等である。

　また、「国民健康保険」以外の医療保険は金銭給付があり、「傷病手当」、「出産育児一時金」、「出産手当」、「葬祭手当」等である。

（３）介護保険

　2000（平成12）年からスタートし、要支援、要介護の者が在宅、施設サービス等を受けることができる。保険者は市町村であり、40歳以上の者が加入し、要介護認定を受けた後、ケアプラン（介護計画）を作成後、サービスを受ける。負担は1割、2割の応益負担である。

（４）雇用保険

　失業や再就職支援のために制度化されており、公共職業安定所（ハローワーク）が担当している。基本的には、すべての事業所で雇用されている者は同保険の加入が義務付けられている。

（５）労働者災害補償保険

　仕事上の傷病、死亡、通勤途上の傷病、死亡等を対象に補償する制度である。労働基準監督署が担当している。この保険のみ使用者が保険料を負担し、労働者の負担はない。

2　生活保護の種類

　生活保護の種類は、利用者の生活のニーズに応じて8つの種類がある。①生活扶助、②教育扶助、③住宅扶助、④医療扶助、⑤介護扶助、⑥出産扶助、⑦生業扶助、⑧葬祭扶助、である。

3　社会手当

　私たちの生活問題に対応するため、すべて公費により金銭給付を行なうものである。わが国の社会手当は、概ね5つの手当が規定されている。①児童手当、②児童扶養手当、③特別障害者手当、④障害児福祉手当、⑤特別児童扶養手当、である。

4 社会福祉

これは、狭義の社会福祉を指し、かつては「社会福祉六法」を指していた。社会福祉は社会サービスの1つであり、おもに対人援助である。大まかに、①高齢者福祉、②児童福祉、③母子及び父子並びに寡婦福祉、④障がい者福祉、がある。

IV　社会保障の財源

基本的には「税」と「保険料」で構成されている。2015年度予算を見ると、一般会計予算は96.3兆円、その中で税収は約54.5兆円である。借金である国債発行が約37兆円であり、この累積が約900兆円にもなり、財政赤字が深刻化している。また社会保障予算は36.5兆円であり、税収に占める社会保障の割合は極めて高い。なお、社会保障予算における最大歳出項目は「社会保険費」であり、20兆円を超えている。現在の社会保障は保険方式をとり、保険料が財源であるが、わが国では公費を多く投入しているのが特徴である。ちなみに、年金に11.12兆円、医療に9.37兆円、介護に2.63兆円である。

また、社会保障給付費は「税」と「保険料」をあわせたもので、赤ちゃんから高齢者に全体に提供された社会保障給付の総計を指す。2013年度の国立社会保障・人口問題研究所の資料によると社会保障給付費は110.6兆円である。

国民1人あたりの同給付費は、86万9,300円であり、2012年と比べて1.7％上昇している。金額では1万4,500円アップした。

同給付費の内訳は、年金54兆6,085億円、前年比1.2％増、医療は35兆3,548億円前年比2.1％増、介護、子育て、生活保護等の福祉その他は、20兆6,933億円、前年比1.5％増である。国内総生産（GDP）における同給付費の割合は23.67％を占め、高齢者関係費は11.3％、家族子育て関係費は1.25％である。

図 1-1　平成 27 年度一般会計予算・社会保障関係予算の内訳
参議院事務局企画調整室編『立法と調査（No.362）』、p89、2015 年

図 1-2　主要国の社会支出の分野別比較　　図 1-3　社会保障給付費の推移
『朝日新聞』2015 年 10 月 24 日より筆者作成　　　図 1-2 に同じ

　このように同給付費は、「少子高齢化」の影響により、毎年上昇しており、社会保障全体の適正化が求められており、各制度のスクラップアンドビルドが急務である。
　さらに、社会保障の対象を限定し、所得に応じた負担のしくみの構築が求められている。

第 1 章　私たちの生活と社会保障　－社会保障の体系と社会保険－

V　社会保障の沿革

1　イギリスの社会保障の沿革

　16 世紀において、オランダから羊毛産業がイギリスに普及したため、当時の地主は畑作農業を停止し、羊毛をつくることに専念した。

　これまで農地に縛られていた農民は農地を追い出され、都市へと移動し、生活困窮のために物乞いをして生活する者が増加した。

　ヘンリー 8 世は、これらの貧困に対しては強権をもって制する「物乞い取締法」を制定し、貧困を刑罰の対象にしたのである。

　それは、何度も物乞いをする者は絞首刑となるなど、貧困者の対応はすさまじいものがあった。しかし、農地を追われた農民はどんどん増加し、なんらかの対策が必要だったのである。

　そのため、1601 年に「エリザベス救貧法」が制定され、労働能力のない者だけを保護する制度がつくられた。しかし、今のような人権的な視点がなく、社会の秩序維持のために同法を制定したのである。

　次いで、1662 年に「定住法」を制定し、貧困者の本籍外では救貧法が受けられなくなり、救貧税の歳出の抑制が行われた。

　その後、1722 年に「ワークハウステスト法」が制定され、労働能力がない者は施設に収容し、保護した。一方、労働能力がある者は、労役場で強制労働に従事させられたのである。

　イギリスでは 18 世紀後半に産業革命が起き、石炭を動力とする機械制工業が発展した。加えて、炭鉱や工場で働く労働者が必要となり、これまで労役場で強制労働させられていた貧困者を地域に帰し、炭鉱、工場で働かせる政策に転換したのである。

　そして、国が決めた最低生活費に満たない場合に賃金を補てんする「ギルバート法」が、1782 年に制定された。その後、家族の人数に対応する食費が最低生活費を規定し、この最低生活費に賃金が満たない場合、差額を補てんする「スピーナムランド制度」が 1795 年に創設された。

　この 2 つの制度は、結果的に資本家に悪用されることになり、救貧財政は破たんした。1834 年には「新救貧法」が制定され、これまでの貧困労働者の賃金補助は廃止され、旧態依然の地域において労働能力のない者だけを保護する救貧法に逆戻りしてしまう。

　この当時、経済学者のマルサスは「人口論」を著し、貧困者の救済は食料生産の観点から意味がないことを主張し、救貧法の対象者は限定され、同法のサービス水準はきわめて劣悪なものであった。

　特に、「劣等処遇」の原則は徹底され、同法のサービス水準は、労働者の最低生活水準以下にする価値観が中心になり、その後の社会保障に大きな影響を与えた。

9

また、労働者が過酷な労働を強いられ、多くの者が感染症等で亡くなり、大きな社会問題となった。その後、労働運動が高まり、「工場法」の制定や「普通選挙制度」につながっていく。

2　社会福祉調査法

当時のイギリス社会は、貧困原因は個人にあるという価値観が前提であったが、19世紀末から 20 世紀初頭において社会調査が行われた。

ブースは『ロンドン民衆の生活と労働』（1902–1903 年）を著し、ロンドン市民の実態調査を行い、ラウントリーは『貧困－地方都市生活の研究』を著し、ヨーク市民の実態調査を行った。彼らの調査は、これまでの貧困観を払拭し、貧困の原因は資本主義の構造的矛盾が要因であることを明らかにした。

また、社会保障、社会福祉に関しての科学的な視点の導入の功績は画期的なことであった。

これらの社会調査の結果、当時のロイドジョージ首相は、この事実を真摯に受け止め、高まる労働運動、社会主義運動を抑圧するため、国民生活に介入する政策をとったのである。これは「社会改良事業」と呼んでいる。例えば、1906 年「学校給食法」、1902 年「学校保健法」、1908 年「児童法」、同年「無拠出老齢年金法」、1909 年「職業紹介法」、同年「住宅都市計画法」を制定している。

特に 1908 年の「無拠出老齢年金法」は、低所得者の高齢者に金銭を給付する制度であり、公的扶助の 1 つの先駆けである。

また 1911 年には「国民保険法」を制定し、イギリスにおいてはじめて社会保険が導入された。この保険は現在の「健康保険」、「失業保険」であり、貧弱ながらも国民の生活の改善に貢献した。

さらに、同時期に現在の社会保障の理念になっている「国民の最低限の生活」（ナショナルミニマム）をウエッブ夫妻が主張したが、国は拒絶し、この理念が陽の目を見るのは 1942 年の「ベヴァリッジ報告」まで待たなければならなかった。

3　ベヴァリッジ報告

自由党のチャーチルは、第二次世界大戦後のイギリスの社会保障のあり方をベヴァリッジに依頼し、1942 年「社会保険と関連サービスに関する報告」を公表した。先述したように国民の最低生活保障を社会保障の柱に据え、「均一拠出」、「均一給付」を原則とし、社会保険制度を中心とした制度を謳っている。特に、①所得補償、②保健、③福祉、④教育、⑤住宅、⑥雇用、の社会サービスのあり方を明らかにしたのである。

第1章　私たちの生活と社会保障　－社会保障の体系と社会保険－

4　ドイツの社会保険制度の導入

　ドイツでは、イギリスに遅れて「産業革命」が起こり、産業化、工業化が急速に進んだ。このため、労働運動、社会主義運動が高まり、国はその鎮圧に苦慮していた。

　この時期、ビスマルク首相はこれらを弾圧するために、1878年「社会主義取締法」を制定した。そして労働者、国民の不満を解消するため1883年に「疾病保険法」を制定し、世界で初めて社会保険を導入したのである。

　この社会保険はヨーロッパ各地で広がっていたギルドがモデルとなり、同業組合の相互扶助のしくみを応用したものであり、新しい制度モデルではなかった。

5　わが国の社会保障の沿革

（1）戦前の社会保障

　わが国における初めての社会保障立法は、1874（明治7）年に制定された「恤救規則」である。

　この制度は、家族や近隣においての援助を前提に、ここから漏れた者を救済する制度であり、今日のような人権的な視点でつくられたものではなかった。

　その後、1918（大正8）年「米騒動」が勃発し、当時の政府は軍の力を持って制圧した。

この運動は、わが国の貧困の実態を国民に認知させるものであり、政府も何らかの対策を講じる必要に迫られた。

　次いで、1929（昭和4）年に「救護法」を制定し、各種の扶助制度を設け、また貧困の高齢者が入所する「養老院」が設けられた。この施設は現在の「養護老人ホーム」に再編されている。

　戦前のおもな社会保障は、端的に言えばこの2つの制度であり、権利性のある社会保障は戦後まで待たなければならなかった。

（2）戦後の社会保障

　1946（昭和21）年に、「日本国憲法」が制定された。憲法25条は「生存権」と呼ばれ、国民は健康で文化的な最低限の生活を営む権利を有し、国家施金を初めて規定している。いわゆる「権利としての社会福祉」が以後構築されていく。

　その後、「生活保護法」、「児童福祉法」、「身体障害者福祉法」が制定され、福祉三法から戦後の社会保障はスタートした。

　さらに「工業化」、「産業化」が進展し、わが国は高度経済成長の時代を迎え、わが国の社会保障の特徴である「皆保険」、「皆年金」が施行となり、西欧と比較して遜色のない社会保障が整備されていくのである。

また、「知的障害者福祉法」、「老人福祉法」、「母子福祉法」が制定され、社会福祉分野も整えられた。

1973（昭和48）年には「老人福祉法」が改正され、70歳以上の者の医療の自己負担を公費で補てんする、いわゆる「老人医療費の無料化」が施行される。この制度は「保険制度」を設けていないため、高齢者の健康増進や生活習慣病の予防等の制度がない。単に医療費の無料化だけが一人歩きをし、そのため医療機関には高齢者が殺到した。その結果、老人医療費は増大し、介護に対しても医療が提供されたため「社会的入院」が増加した。これが、現在の老人医療費の論点となっている。

また、同年「石油ショック」により、経済成長が見込まれなくなり、初めてマイナス成長を経験し、これ以後、わが国は低成長時代を迎えた。

これらの課題に対応するため、1982（昭和57）年に「老人保健法」を制定し、老人医療費の一部自己負担と市町村の保険事業を構築したが、老人医療費の適正化には貢献しなかった。

その後、1989（平成元）年に「ゴールドプラン」（高齢者保健福祉推進10か年戦略）を策定し、1990（平成2）年「老人福祉法等の改正」、いわゆる社会福祉八法改正により、高齢者福祉、障がい者福祉は市町村が担い、社会福祉供給も民間の参入を認めることになった。

加えて、1994（平成6）年「新ゴールドプラン」、1999（平成11）年に「ゴールドプラン21」が策定され、介護基盤の整備が図られた。

また、1997（平成9）年には、「介護保険法」が制定され、利用者主体で社会保険方式による介護がスタートした。

さらに、社会保障改革が急務となり、「少子高齢化」の進展により、財政の効率化を目指すことが1つの論点となった。1996（平成8）年に、橋本内閣が主張した6つの改革の1つが社会保障であり、同年社会保障関係審議会会長報告（社会保障構造改革の方向（中間まとめ））を発表し、3つの方向が示された。基本的には社会保障の抑制を謳ったものである。

さらに、社会福祉についても基礎構造改革が行われ、2000（平成12）年、「社会福祉事業法」を廃止し、「社会福祉法」を制定し、「利用者中心」、「措置制度から契約制度」等のしくみが大きく変わることになる。この改革により、「利用者中心」や「応益負担」等が実施され、社会福祉の適正化が図られた。

2009（平成21）年には、これまでの自民、公明の連立政権から、民主党、社民党の連立政権が登場した。

特に、同政権は「社会保障」と「税」の一体改革に取り組み、消費税を財源に社会保障の運営の効率化、適正化を図ろうとしたが、翌年の参議院選挙により同政権は大敗し、大幅に議席数を減らすことになる。いわゆる、衆議院では過半数を維持したが、参議院では過半数に満たないねじれ国会となる。そのため、与党の社会保

第1章 私たちの生活と社会保障 －社会保障の体系と社会保険－

障政策を実現するため、どうしても自民党、公明党の賛同を得なくてはいけない事態となった。

そして、2012（平成24）年、3党が「社会保障と税の一体改革」で合意する。合意内容は、例えば老齢基礎年金の2分の1における公費負担や低所得者の加算年金等、広範囲にわたる改革案が決定され、その後各法を改正したのである。

また、年金制度や後期高齢者医療等の合意できない政策については、有識者による「社会保障改革国民会議」を発足し、翌年、政府に報告書を提出する。

同年にまとめられた国民会議の報告は、具体的に「年金」、「医療、「介護」、「子育て」等の制度、政策の手順を示した「プログラム法案」が国会で審議され、12月に可決成立した。

同法案の内容は、70～74歳の前期高齢者の医療費の自己負担を、これまでの1割で据え置いていたが、2006（平成18）年、改正案どおり2割負担となった。また、介護保険制度については、所得の高い高齢者の自己負担は1割から2割負担となり、高齢者の所得、資産を根拠に部屋代、食費を助成する「補足給付の見直し」や要支援者に対する「地域支援事業」に移管すること、「国民健康保険制度」の運営を財政的見地から主体を市町村から都道府県に移管することになった。そして、この改革を推進する組織として、内閣総理大臣を本部長とする「社会保障制度改革推進本部」が設置され、改革を前進することになる。

このように社会保障は紆余曲折を経て改正を重ねつつも、「少子高齢化の進展」、「国家財政の緊縮化」、「経済社会の変化」、「国民生活の多様化」等により大きく揺らいでおり、今日を迎えていると言えよう。

Ⅵ　社会保障の課題

少子高齢化が進展したため、「税」、「保険料」を負担する者が減少し、「年金」、「医療」、「介護」等のサービスを受ける高齢者が増加している。そのため、「負担」と「給付」の関係が壊れ、今日の社会保障制度の維持が困難となっている。加えて、わが国の人口が急激に減少していることが課題を複雑にしている。

さらに、経済の低迷により労働環境が悪化し、国民の所得が急激に減少し、企業もこれまでの「正社員中心」から転換し、「非正規雇用」が増加している。ゆえに若年層の生活格差が顕著となり、「結婚」、「出産」が困難な状況が生じている。

また、保育所等の子育て支援もまだニーズ（要望）に十分に対応していないため、子育て支援も大きな課題である。

一方で、要介護高齢者が増加し、「医療」、「介護」等を維持する「医療」、「保険」、「福祉」職等のマンパワーが不足し、在宅、施設等のサービスも不十分である。

さらに、家族介護が中心であるため、「老老介護」、「認認介護」により、家族の崩壊や介護が引き金となった事件が後を絶たない状況である。

　これらの社会保障の課題を政治、行政に吸い上げ、ひとつひとつのニーズ（要望）にあったサービスの構築と、その財源調達が今後の大きな論点である。

＜参考文献＞

松井圭三編『改訂新版よくわかる社会福祉概論』大学教育出版、2009 年

松井圭三他編『社会保障論』大学図書出版、2014 年

松井圭三他編『現代社会福祉概説』ふくろう出版、2015 年

松井圭三共著『社会福祉論』建帛社、2016 年

厚生労働省『平成 27 年版　厚生労働白書』

厚生労働統計協会編『国民の福祉と介護の動向 2015/2016』厚生労働統計協会、2015 年

社会福祉の動向編集委員会編『社会福祉の動向 2015』中央法規、2015 年

第2章	公的扶助
	－最低限の生活保障－

Ⅰ　公的扶助の概要

　公的扶助制度は社会保障制度の一つであり、社会保険制度とともに国民の生活を保障する制度である。

　社会保険制度には、医療保険・年金保険・雇用保険・労働者災害補償保険・介護保険の5部門がある。その特徴として、被保険者の疾病、高齢化、失業、労働災害、介護という生活上の困難に対して、被保険者があらかじめ保険料を拠出し、保険者が給付を行う公的制度であり、防貧的機能を有している。

　それに対して、公的扶助制度は、国民の健康と生活を最終的に保障する制度として位置づけられている。その特徴として、貧困・低所得者を対象としていること、最低生活の保障を行うこと、公的責任で行うこと、資力調査（収入、資産、能力などの有無や程度、およびその利用可能性その他を調査）あるいは所得調査を伴うこと、租税（税金）を財源としていること、救貧的機能を有していることなどが挙げられる。その公的扶助制度は、資力調査を要件とする貧困者対策と、所得調査を要件とする低所得者対策の二つにわけることができる。

　前者の貧困者対策には、日本国憲法第25条の生存権を実現する生活保護制度がある。

　後者の低所得者対策には、社会手当制度、民生委員の相談援助活動を通して行う生活福祉資金貸付制度、低所得層を中心に住宅を提供する公営住宅制度等がある。

Ⅱ　わが国の公的扶助制度の歴史

　近代的な公的扶助の制度は、1874（明治7）年の「恤救規則」が最初となる。1929（昭和4）年に「救護法」が制定され、わが国において法制的に救護制度は整備されたが、救護における国家責任の明確な規定を欠き、失業による生活困窮は救護の対象としないという制限的な制度であった。

戦前からの制度では、第二次世界大戦後に急増した戦災者、引揚者、失業者に対して、十分な対応ができなかった。そのため、1946（昭和21）年4月より「生活困窮者緊急生活援護要綱」が施行されたが、一時的な制度であったため、同年9月、生活保護法（以下、旧生活保護法）が制定され、10月に施行された。この旧生活保護法において、初めて要保護者に対する生活保護が国家責任を原則とすることが明文化された。

　旧生活保護法では、勤労意欲のない者や素行不良の者には保護を行わないという欠格事項が設けられ、保護の対象は限られていた。その後、1950（昭和25）年5月に旧生活保護法は全面改定され、現行の生活保護法が制定された。憲法第25条の生存権に基づく法律であることが明文化され、保護受給権を認め、不服申立制度が法定化された。保護事務を行う補助機関に社会福祉主事を置き、それまで補助機関であった民生委員は協力機関とされた。

Ⅲ　生活保護制度の仕組み

1　生活保護制度の目的・原理・原則

　生活保護制度は、「利用し得る資産、稼働能力、他法、他施設などを活用してもなお日本国憲法25条の保障する「健康で文化的な最低限度の生活」を維持できない者に対し、その困窮の程度に応じて保護を行い、最低限度の生活を保障するとともに、その自立を助長することを目的」とする制度である。

　また、生活保護制度では、次の四つの基本原理を定めている。生活保護制度の基本的な考え方、及び運用の基本となる原理である。

（1）国家責任の原理（生活保護法第1条）

　生活保護法の目的を定めた最も根本的な原理となっている。日本国憲法第25条に規定する生存権を実現するため、国がその責任を持って生活に困窮する国民の保護を行う。

（2）差別平等の原理（生活保護法第2条）

　全ての国民は、生活保護法に定める要件を満たす限り、国籍や理由に関わらず無差別平等に保護を受けることができる。したがって、生活困窮に陥った原因や社会的身分等など関係なく、現時点の経済的状態に着目して保護が行われる。

1）厚生労働統計協会『国民の福祉と介護の動向　2015/2016』厚生労働統計協会、p196、2015年

（3）最低生活の原理（生活保護法第3条）

　生活保護法で保障する最低生活の水準の健康で文化的な最低限度の生活を維持できるよう保障するものである。

（4）保護の補足性の原理（生活保護法第4条）

　この原理のみ、保護を受ける側、つまりは国民に要請される原理である。各自がもてる能力や資産、他法や他施策といったその他あらゆるものを活用し、最善の努力をしても最低生活が維持できない場合に初めて保護が行われる。

そして、生活保護制度の次の四つの基本原則を定めている。生活保護を実施する際に、守られるべき原則である。

（1）申請保護の原則（生活保護法第7条）

　保護を受けるためには申請手続きが必要となる。本人や扶養義務者、親族等による申請に基づいて保護が開始される。

（2）基準及び程度の原則（生活保護法第8条）

　保護は最低限度の生活基準を超えない枠で行われる。厚生労働大臣の定める保護基準により測定した要保護者の需要を基とし、その不足分を補う程度の保護が行われる。

（3）必要即応の原則（生活保護法第9条）

　保護は、要保護者の年齢別、性別、健康状態等その個人又は世帯の実際の必要の相違を考慮して、有効且つ適切に行われる。

（4）世帯単位の原則（生活保護法第10条）

　世帯を単位として保護の要否及び程度が定められる。特別な事情がある場合は世帯分離を行い個人単位で決定される場合もある。

2　生活保護の種類と方法

　生活保護法は、その前提要件として、収入、資産、能力を活用し、さらに私的扶養、他の法律による給付を優先して活用し、それでもなおかつ生活に困窮する場合に初めて保護を適用する仕組みである。生活保護は、生活や病気で困っている人から保護の申請があると、生活保護の決定にあたって、その家庭を訪問し、実情を調査したうえで、その家庭の収入を認定し、保護の基準の最低生活費と比較して不足する分について支

給することになっている。

保護は、生活費の性格によって、次の8種類の扶助があり、その世帯の生活の状態に応じて一つ（単給）あるいは二つ以上（併給）の扶助が受けられる。最近の傾向としては、生活扶助と医療扶助の併給、医療扶助の単給がその多くを占めている。

（1）生活扶助

　衣食その他日常生活の需要を満たすために必要なもので、原則として金銭給付によって行う。

（2）住宅扶助

　家賃、間代、地代等を支払う必要があるとき、原則として金銭給付によって行う。被保護者が、現に居住する家屋の水道設備等の従属物の修理又は現に居住する家屋の補修等をする場合に給付する。

（3）教育扶助

　義務教育に伴って必要な教科書その他の学用品、通学用品、学校給食費等その実態に応じて原則として金銭給付によって行う。

（4）介護扶助

　困窮のため、最低限度の生活を維持することのできない要介護者及び要支援者に対して、居宅介護・福祉用具・住宅改修等を原則として、現物給付で行う。

（5）医療扶助

　けがや病気で治療を必要とするとき、原則として現物給付によって行う。その内容は診療、薬剤又は治療材料、医学的処置、手術及びその他の治療並びに施術、病院等への収容、看護、移送である。

（6）出産扶助

　分娩の介助、分娩前及び分娩後の処置等で、原則として金銭給付によって行う。

（7）生業扶助

　生業に必要な資金、器具又は資料、生業に必要な技能の修得、就労のために必要なもので、その者の収入を増加させ、又はその自立を助長することができる見込みのある場合に限られ、原則として金銭給付によって行う。

（8）葬祭扶助

　葬祭を行う必要があるとき検案、死体の運搬、火葬を原則として金銭給付で行う。

　また生活保護は居宅保護を原則としている。しかし、それにより難い場合には施設にて保護を行う。生活保護法で規定されている保護施設には、以下の5種類があり（生活保護法第38条）、それぞれ施設の目的・対象・機能が違っている。

（1）救護施設

　身体上又は精神上著しい障害があるために日常生活を営むことが困難な要保護者を入所させて、生活扶助を行うことを目的とする施設である。

（2）更生施設

　身体上又は精神上の理由により養護及び生活指導を必要とする要保護者を入所させて、生活扶助を行うことを目的とする施設である。

（3）医療保護施設

　医療を必要とする要保護者に対して、医療の給付を行うことを目的とする施設である。

（4）授産施設

　身体上若しくは精神上の理由又は世帯の事情により就業能力の限られている要保護者に対して、就労又は技能の修得のために必要な機会及び便宜を与えて、その自立を助長することを目的とする施設である。

（5）宿所提供施設

　住居のない要保護者の世帯に対して、住居扶助を行うことを目的とする施設である。

3　被保護者の権利および義務

　生活保護は、最低生活の維持のための給付であり、またその費用はすべて国民の税金によって賄われていることから、それらに対応して被保護者には、特別の権利が与えられている一方、義務も課せられることになる。

被保護者の権利

（1）不利益変更の禁止（生活保護法第56条）

　被保護者は、正当な理由がなければ、既に決定された保護を、不利益に変更されることがないというものである。

（2）公課禁止（生活保護法第57条）

　生活保護によって得た生活保護費などに税金が掛かることはないということである。

（3）差押禁止（生活保護法第58条）

　仮に被保護者に借金があった場合でも、債権者が借金の担保や返済名目として生活保護費などを差し押さえることはできないということである。

被保護者の義務

（1）譲渡禁止（生活保護法第59条）

　被保護者は、生活保護または就労自立給付金を受ける権利を他者に譲り渡すことはできないということである。

（2）生活上の義務（生活保護法第60条）

　被保護者は、常に、能力により勤労に励み、自ら、健康の保持および増進に努め、収入、支出その他生計の状況を適切に把握するとともに支出の節約を図り、その他生活の維持および向上に努めなければならない。

（3）届出の義務（生活保護法第61条）

　被保護者は、収入、支出等生計の状況が変動、または居住地や世帯の構成に異動があったときは、すみやかに保護の実施機関または福祉事務所長に届け出なければならない。

（4）指示等に従う義務（生活保護法第62条）

　生活保護の受給中は被保護者に対して様々な指導や指示が行われる。例えば、医師や歯科医師の検診を指示される場合もあるし、救護施設等への入所を指示されることもある。このような場合に被保護者は福祉事務所やケースワーカーの指示に従わなければならない。

（5）費用返還義務（生活保護法第63条）

　仮に、本来、生活費に充当できる資産がありながら生活保護費を受給していた場合、受給された生活保護費は返還しなければならない。

第2章　公的扶助　－最低限の生活保障－

4　不服の申立て

　当然受けられるはずの保護が正当な理由もなく行われなかった場合は、行政上の不服申立てによる救済の方法が認められている。それには、次の二つの段階がある。

（1）福祉事務所長の行った保護開始・申請却下、保護停止・廃止などの処分ならびに就労自立給付金の支給に関する処分に不服がある者は、生活保護法及び行政不服審査法の規定に基づき、当該処分があった事を知った日の翌日から起算して3か月以内に、都道府県知事に対して審査請求を行う事ができる。都道府県知事は、審査請求があった時は、70日以内に採決を行う。

（2）都道府県知事が行った審査請求に対する裁決に不服がある者は、当該処分があった事を知った翌日から起算して1か月以内に厚生労働大臣に対して再審査請求を行う事ができる。厚生労働大臣は、再審査請求があった時は、70日以内に裁決しなければならない。

5　生活保護制度の行政の役割

（1）国の役割

　生活保護制度における国の役割として、厚生労働大臣が、生活保護基準を定めることとされている。第8条には、「保護は、厚生労働大臣の定める基準により測定した要保護者の需要を基とし、そのうち、その者の金銭又は物品で満たすことのできない不足分を補う程度において行うものとする」と規定されている。
また国は、保護費について、その費用の4分の3を負担する義務がある。

（2）都道府県の役割

　都道府県は、福祉事務所を設置する義務がある。そして、都道府県は保護施設を設置することができるとされ、その設備及び運営について条例で基準を定める。
生活保護費の負担については、都道府県設置の福祉事務所の保護の実施にかかる費用は、4分の1を負担しなければならない。

（3）市町村の役割

　市町村は、保護施設を設置しようとするときは都道府県に届け出なければならない。また、市は福祉事務所を設置しなければならず、町村は条例で福祉事務所を設置することができる。
　生活保護費の負担については、市町村が設置する福祉事務所の保護の実施にかか

る費用は、4分の1を負担しなければならない。

6　生活保護の実施

（1）生活保護の実施機関としての福祉事務所

　福祉事務所とは、いわゆる福祉六法を司る社会福祉の第一線機関である（社会福祉法第14条第6項）。福祉事務所の組織は、所長、査察指導員、現業員、事務職員で構成される。そして、都道府県知事等は、その管理に属する福祉事務所長に保護の決定及び実施に関する事務の全部又は一部を委任することができる（生活保護法第19条第4項）。

　なお、現業員は、援護、育成または更生の措置を要する者等の家庭を訪問し、または訪問しないで、これらの者に面接し、本人の資産、環境等を調査し、保護その他の措置の必要の有無及びその種類を判断し、本人に対し生活指導を行う等の事務を行う（社会福祉法第15条第4項）。査察指導員は、現業員の指導監督を行う（同条第3項）。

図2-1　生活保護の実施体制

厚生労働統計協会『国民の福祉と介護の動向　2015/2016』p.198、2015年より筆者作成

（2）生活保護の実施

　生活保護は、原則本人又はその扶養義務者などが、保護の実施機関（福祉事務所）に申請することによって始まる。相談を担当する職員は、生活保護制度を説明するとともに、生活福祉資金貸付制度や各種社会保障制度等の活用についても説明、検討し助言を行う。

　そして、生活保護の申請がなされると、保護の要否を決定するため、①生活

状況等を把握するための家庭訪問等、②預貯金、保険、不動産等の資産（資力）調査、③扶養義務者による扶養の可否の調査、④年金等の社会保障給付の調査、⑤就労収入等の調査、就労の可能性の調査が行われる。

　これらの調査結果に基づいて、原則として世帯を単位に保護の要否を決定し、それを申請者に文書で通知する。この決定については、申請があった日から14日以内に通知しなければならないとなっている。しかし、特別な理由がある場合は延長し30日以内に行う。

Ⅳ　低所得対策

低所得対策として、主に社会手当制度、公営住宅制度、生活福祉資金貸付制度がある。

（1）社会手当制度
　社会手当は、社会保険と生活保護制度の中間的な位置づけで、保険料などを納めなくても受け取ることができる現金給付である。わが国の社会手当としては、児童手当、児童扶養手当、特別児童扶養手当、特別障害者手当、障害児福祉手当などがある。

（2）公営住宅制度
　公営住宅は、憲法第25条（生存権の保障）の趣旨にのっとり、公営住宅法に基づき、国と地方公共団体が協力して、住宅に困窮する低額所得者に対し、低廉な家賃で供給されるものである。母子世帯、高齢者、障がい者などを対象とした住宅や低家賃住宅などがある。

（3）生活福祉資金貸付制度
　「生活福祉資金貸付制度」は、低所得者や高齢者、障がい者の生活を経済的に支えるとともに、その在宅福祉及び社会参加の促進を図ることを目的とした貸付制度である。都道府県社会福祉協議会を実施主体として、県内の市区町村社会福祉協議会が窓口となって実施している。低所得世帯、障がい者世帯、高齢者世帯等世帯単位に、それぞれの世帯の状況と必要に合わせた資金、たとえば、就職に必要な知識・技術等の習得や高校、大学等への就学、介護サービスを受けるための費用等の貸付けを行う。
　2015（平成27）年4月から新たに生活困窮者自立支援法が施行され、生活困窮者自立支援制度は、生活上のさまざまな課題を抱えた方に、包括的な相談支援を継続的に行うことにより、自立の促進を図ることを目的としている。

＜参考文献＞

『平成 28 年版　社会保障の手引き　施策の概要と基礎資料』中央法規、2016 年

『2016 年度版　生活保護手帳』中央法規、2016 年

生活保護制度研究会編『平成 27 年度版　保護の手引き』第一法規、2015 年

日本弁護士連合会貧困問題対策本部編『生活保護法的支援ハンドブック』民事法研究会、2015 年

第3章	「食」と「社会福祉」
	－栄養士が社会福祉を学ぶ目的とその意義－

Ⅰ　「生活する」とは

　「生活する」の意味について『第6版　新明解国語辞典』をみると、2つの意味が記されている。1つは、「生物が生きていて、からだの各部分が活動する」ことである。もう1つは、「社会に順応しつつ、何かを考えたり、行動したりして生きていく」、「狭義では、家族とともに食べていけるだけの収入が有る」ことである。つまり、「生活する」とは、人が生きていくために活動する、また、人が安定した暮らしができるように活動する」ということである。

　わが国は、このような生活する権利を「生存権」として、そしてそれを保障する「国民生活の社会的進歩向上に努める国の義務」を日本国憲法第25条に定めている。同法第25条の1には、「すべて国民は、健康で文化的な最低限度の生活を営む権利を有する」という生存権を定めている。同法第25条の2には、「国は、すべての生活部面について、社会福祉、社会保障及び公衆衛生の向上及び増進に努めなければならない」という国民生活の社会的進歩向上に努める国の義務を定めている。

Ⅱ　生活するために必要なこと

　以上のような権利と義務が憲法によって保障されている。しかし、人が生活するには衣食住の保障が必要である。このうち、人が第一義的に必要なのは食の保障である。それにもとづく排泄、また、睡眠も必要であるが、食がなければ生命活動の維持はできない。食は、人が生きるために必要なことである。

　乳児は、母乳を飲むことから始まり、離乳食を摂るようになり、食物の味を経験し、覚え、成長に必要な栄養を摂取していく。食べるという経験のなかで、様々な味を覚

1）山田忠雄他『第6版　新明解国語辞典』三省堂、p798、2008年

えるという経験ができる。食の保障は、楽しむという経験が含まれているといえる。様々な食物をみる、においを嗅ぐ、味わうことにより、食の充実を考えるきっかけにもなる。食事は、生活における楽しみであるといえよう。また、食の環境を整えることでコミュニケーションを育むきっかけをもたらす。

　食の環境は、家族構成、一緒に食べる人、調理の仕方、家庭で食べるのか外食するのかという場所によって変わってくる。食事は、一日の流れにおいて摂取時間が概ね決まっているので、生活のリズムを成り立たせることにもなる。三度の食事を規則正しく摂ることによって、日々の活動や睡眠などの生活のリズムが整ってくる。生活を計画的に行うことができるようになる。それは、生活の質（QOL）を向上させることになる。食事の内容が充実すると生活も充実する。食に満足すると精神的に安定してくる。生活に食が生かされ、一人一人の充実をもたらすので、食は生活するために必要といえる。

　そして、安定した生活をしていくには、健康であることが求められる。それには、食に関する情報収集、食べ方の工夫、調理方法の工夫などが必要である。そのために、食の在り方を考える必要がある。例えば、どのような栄養価のある食物を食べることが健康に良いのか、どのような環境で食べることが健康に良いのかを考えることである。その上で、子どもに対して、障害のある方に対して、高齢の方に対してどのような食事が望ましいのかを考える必要がある。

Ⅲ　食の保障のために行われていること

　人は、基本的には朝昼夜の三度の食事を摂取する。これがないと健康に影響するが、何らかの事情で生活のしづらさが生じた時、それが難しくなる。個人の食を阻害する要因は（図3-1）のとおりである。これよりみていくと、食を阻害する要因は、加齢や障害、経済困窮、家族関係の変化、制度の不備、食の知識不足、地域の状況変化、そして社会的孤立である。つまり、生活が安定しないために食の保障がなされないということである。食の保障のためには、生活に関する保障が必要である。

第3章 「食」と「社会福祉」 －栄養士が社会福祉を学ぶ目的とその意義－

図3-1　個人の食を阻害する要因
東京都社会福祉協議会「提言Ⅱ：福祉的支援に関する提言」
『地域福祉推進に関する　提言　2007』、p15、2007年
http://www.tcsw.tvac.or.jp/info/report/teigen/2007.html
（2016年8月21日）

　そこで、生活の場において食の保障のためにどのようなことが行われる必要があるのかについて、事例にもとづいてみていくことにする。[2]

＜事例1　パーキンソン病に罹った女性の例＞
　パーキンソン病の進行で箸やスプーンが使えなくなる。また、手で食べられるものをつくってもらってもこぼしてしまい、食事のマナーが悪くなってしまう。それにより、人に食事の場面をみられることが苦痛になり、デイサービス（通所介護）を拒むようになる。

＜事例2　一人暮らしの高齢者の例＞
　デイサービス利用時に提供される食事を楽しみにしている。しかし、朝晩は、買ってきたもので食事をしている。デイサービス職員が食事の食べ残しがあることに気付き、家の状況を確認すると、十分な食事がとれていない状況がある。

2）事例に関しては、個人情報に抵触しないよう、次の文献の内容を参考にして述べている。
右谷亮次「第1章　生活を支える『食』と『社会福祉』」岩松珠美、三谷嘉明編『五訂　栄養士・管理栄養士をめざすひとの社会福祉』みらい、pp.14-15、2015年
小野有紀「第5章　第2節児童福祉施設における食事と栄養」新保育士養成講座編纂委員会編『第8巻　子どもの食と栄養』全国社会福祉協議会、pp.188-204、2013年

以上のような状況が把握できた場合、栄養バランスが整った食事の提供により、生活を支えていく必要がある。個人の体調や好みなどを把握して配食サービスを紹介し、その利用をもたらす働きかけが必要である。それにより、栄養状態の改善を図り、体調の安定を促すことができる。配食サービスの利用につながったら、配達職員は、当事者と毎日顔を合わせることになるので安否確認をすることができる。利用者が人と関わることで、再びデイサービスが利用できるようになる可能性もあるし、孤立しないための予防ができる。複数の人たちと食事をすること、コミュニケーションをとること、それらが生活の質（QOL）の向上をもたらすこととなる。他者と一緒に食事をする環境を整えることで孤食をなくし、それによって、社会的な孤立を防ぐことができる。

＜事例3　両親が共働きの小学生の例＞

　保護者が夜間働いていたので、夕食をつくって置いていてもインスタントやレトルト食品で済ませてしまい、食事らしい食事ができていなかった。その結果、野菜が食事として出てくることはなく、口にすることがなくなった。それにより、嗜好以外の食品を食べようとせず、バランスのとれた栄養を摂取することができない状況になった。

　以上のような把握ができた場合、給食関係職員の助言を得て、小学校教職員が児童に働きかけるとともに、保護者にも協力を働きかける必要がある。保護者に対して食をきっかけに働きかけることで、子育てに関する不安等、養育に関する話が出てくることもある。そのような関係ができれば、虐待の予防にもつながり、児童の暮らしの安定をもたらすことになる。

　これらのことから、食に関する情報提供を行い、当事者が地域におけるサービスの把握ができる情報をもたらし、利用のきっかけをつくっていくことができる。これは、生活支援にもつながる。ホームヘルパーを活用している家庭であれば、献立の立て方を伝えたり、栄養士から助言を受けてカロリーについて伝えたりして、食事を自分でつくるように働きかけ、生活の自立をもたらすことにもなる。また、食の提供は、様々な団体が実施するので、地域で支えるためのネットワークを築くことになり、それが各家庭を支えることになり、地域福祉推進ということになる。

　そして、食の保障は健康維持をもたらすことになり、生活の安定をもたらす。さらに、人と関わるきっかけにもなるので、コミュニケーションを高めることになる。支援をする者が状況を把握することになるので、見守り支援を行うことにもなる。状況把握をして、必要なニーズを把握する、そして、サービスの利用を働きかけるということである。食の安定に向けての支援は生活支援となり、「地域福祉推進に関する提言2007」の中で示す「食の福祉的支援に関する提言」にある機能を発揮するようになる（図

3-2）。健康維持と食の改善を図ることで生活のリズムを整える、コミュニケーションを深めるとともに見守り支援をする、状況把握、情報提供を行うのである。それにより、利用者がサービスを利用しやすいようにして、地域への参加を促進するということである。食の保障は、利用者にとって、生活の質（QOL）を高めるきっかけをもたらす。

図3-2　食の福祉的支援の持つ機能
p14の図3-1に同じ

　支援者は、デイサービス、配食サービス、ホームヘルプサービスなどを用いて食を保障をする。先述のとおり、生活の質（QOL）を保障するためには、食の保障だけでなく、その環境を整えるということでもある。

　特に、栄養士は、利用者の生活場面から食の状況について把握できる社会福祉関係者に、その状況を聞いて食に関する指導を専門的に実施することができる。栄養士は、食の保障のために、福祉関係者との連携がますます求められてくる。

Ⅳ　社会福祉施設における食の保障

　食の保障は健康を維持するためにあるとともに、食の環境を整えることで生活の安定をもたらす。例えば行事があった場合に、行事食を提供することで生活に変化をもたらすことができる。それは、利用児・者の成長をもたらすためにある。また、健康であること、高齢者福祉施設であれば長寿を願うことにもつながる。このように、福祉施設での食の保障は、そこで生活する利用児・者に充実した生活環境をもたらすことになる。ここでは、保育所、乳児院、児童養護施設、障害児入所施設、また、障害者支援施設について述べる。

1 保育所

　保育所では、子どもの発達段階にもとづいて食事を提供する必要がある。栄養士は、離乳食が必要か、食物アレルギーへの対応が必要か等の配慮を行うことになる。また、厚生労働省は、2004（平成16）年に「保育所における食育に関する指針」で、3歳以上児に対する食育のねらいを「食と健康」、「食と人間関係」、「食と文化」、「いのちの育ちと食」、「料理と食」であらわしている（表3-1）。これらはすべて、生活に必要な基本的な習慣と関連づけて示されている。

表 3-1　食育のねらい

「食と健康」
①できるだけ多くの種類の食べものや料理を味わう。
②自分の体に必要な食品の種類や働きに気づき、栄養バランスを考慮した食事をとろうとする。
③健康、安全など食生活に必要な基本的な習慣や態度を身につける。

「食と人間関係」
①自分で食事ができること、身近な人と一緒に食べる楽しさを味わう。
②様々な人々との会食を通して、愛情や信頼感を持つ。
③食事に必要な基本的な習慣や態度を身につける。

「食と文化」
①いろいろな料理に出会い、発見を楽しんだり、考えたりし、様々な文化に気づく。
②地域で培われた食文化を体験し、郷土への関心を持つ。
③食習慣、マナーを身につける。

「いのちの育ちと食」
①自然の恵みと働くことの大切さを知り、感謝の気持ちを持って食事を味わう。
②栽培、飼育、食事などを通して、身近な存在に親しみを持ち、すべてのいのちを大切にする心を持つ。
③身近な自然にかかわり、世話をしたりする中で、料理との関係を考え、食材に対する感覚を豊かにする。

「料理と食」
①身近な食材を使って、調理を楽しむ。
②食事の準備から後片付けまでの食事づくりに自らかかわり、味や盛りつけなどを考えたり、それを生活に取り入れようとする。
③食事にふさわしい環境を考えて、ゆとりある落ち着いた雰囲気で食事をする。

厚生労働省雇用均等・児童家庭局保育課長
「楽しく食べる子どもに〜保育所における食育に関する指針〜（概要）」2004年より筆者作成
http://www.mhlw.go.jp/shingi/2007/06/dl/s0604-2k.pdf（2016年8月20日）

2 乳児院

　乳児院では、入所前の養育環境が適切でないために、食に関する状況が整っているとはいえない状況の利用児が入所してくる。乳幼児期は食の基礎となる時期であるが、その基礎が十分に保障されていないため、乳児院で栄養状態の改善に努め、食の環境を整えていく必要がある。乳児院では、保育士、看護師、心理療法担当職員、調理担当職員をはじめとする専門職が連携をとりながら乳幼児のケアにあたることになる。それぞれの専門職が、離乳食への移行時期、アレルギーや障害等による個別対応などの配慮について、互いに伝達しあったうえで食事の提供ができるようにする必要がある。

3 児童養護施設

　児童養護施設で生活する利用児にとって、安定した生活ができる場所を提供する必要がある。利用児の状況に合わせた食の提供をすることで、生活リズムを整えることにつながる。利用児があつまり、一緒に食事をすることで、コミュニケーションを深めることになり、人間関係の構築につながることになる。そのために、そこで働く職員は、食事マナー、食文化、調理や栄養面の知識などを利用児に伝え、心身共に健康な生活を送ることができるように支援する必要がある。保育士や児童指導員は、施設において利用児と生活を共にする時間が長いので、彼らへの影響が大きい。栄養士は、利用児に対する栄養や食に関する支援をすると同時に、保育士や児童指導員等と連携し、利用児に対して食の環境を整えていく必要がある。

4 障害児入所施設・障害者支援施設

　障がい児・者系施設で生活する利用児・者については、彼ら一人一人の障害特性に応じて食の提供をする必要がある。利用児・者が健康で質の高い生活を送るためには、食の安定が重要である。利用児・者が自立した生活を営み、将来の自己実現をもたらすためには、障がい児一人一人の栄養状態の維持や食生活の質向上を図る必要がある。栄養士には、彼ら一人一人の栄養や健康状態に視点をあてた栄養ケア・マネジメントの実施が求められる。摂食や嚥下機能に障害のある利用児・者が、安全に食事ができるようになるために口腔機能や体調にあった食の提供をもたらす必要がある。

　栄養士は、以上のような状況を考慮した上で栄養量を確保するような献立をつくる必要がある。それにもとづいて、保育士や児童指導員などが人間性や社会性を育てるために、食事の準備や後片付けをみんなで行うように働きかける。また、食事のマナ

ーを確認する。栄養士は、安全で安心な食事ができるよう子どもの発達段階に応じた献立をたてる。また、衛生管理に気をつける。栄養士が施設で働く意義は、施設における職員との連携のもとで利用児・者の食を保障し、生活の安定をもたらす働きかけをする役割にある。

V　食の保障と生活の保障との関係

　食と生活の保障の関係をみていくと、高齢者分野では、栄養改善とコミュニケーションを深めるための配食サービスや会食を働きかける対応がある。食事の提供と併せ、生活の自立支援のために、献立の立て方や調理の方法を伝えている。

　障がい者分野では、栄養バランスを考えた食事の方法を伝えるとともに、献立や調理について働きかけを行い、自立支援計画を立てている。

　わが国は、少子高齢社会に対応するために、「子ども・子育て支援法」をはじめとする様々な策を打ち出している。併せて、生活の安定には食の安定が必要である。栄養士は、人々の食の安定のために、一人一人のニーズを把握し、健康に過ごせるように食にもとづく支援をする必要がある。どのような食物をどのように調理して、摂取するのかを考えることが食の保障となり、生活の保障になるということである。

　また、ホームヘルパーの業務の中に食事介助がある。一人一人の生活において、食はそれぞれの価値観を形成するので、ニーズに合わせて対応する必要がある。図3-3にもあるように、食の保障は生命を維持し、健康で過ごし、他者とのつながりを深め、そこから派生する人間関係を安定したものにし、暮らしの安定をもたらすということである。

図3-3　食の基本的な機能
p14の図3-1に同じ

第 3 章 「食」と「社会福祉」 －栄養士が社会福祉を学ぶ目的とその意義－

特に、在宅生活の場合、高齢者は高齢化による体力の低下、障害のある方の場合は障害による体調面での制約のもと、地域で生活している。食の保障がないと体調に影響が生じ、生活の安定が難しくなりその結果、日常生活動作（ADL）が低下し、生活の質（QOL）が保てなくなる。人が生活する中では食が欠かせない。ホームヘルパーは、栄養に関する知識、利用者の経済状況、生活環境を把握する必要があり、そのために、栄養士との連携が必要になってくる。

　栄養士の仕事において、個人的な食と生活の状況を知らなければ一人一人の栄養状態を理解することはできない。食は生きることを確保すること、そして人間関係を築いていく手段でもある。そのため他の専門職と連携して食を保障する必要がある。食に関しての相談を受け、助言するということであり、生きていくうえで必要な食とその栄養を考え、健康に過ごせるようにする必要がある。

　以上のように、栄養士が社会福祉を学ぶことは、生活において食に関する状況を把握することで人々の健康に貢献することから必要不可欠であるといえる。生活する中で生じた食に関する環境を整えることは、人々に健康をもたらし、自立支援を促すことになる。

＜参考文献＞

右谷亮次「第 1 章　生活を支える『食』と『社会福祉』」岩松珠美、三谷嘉明編『五訂　栄養士・管理栄養士をめざすひとの社会福祉』みらい、pp.13-23、2015 年

大塚彰編『高齢者・障害者の「食」の援助プログラム　食べる・食べさせる・たべさせてもらう－』
　医歯薬出版株式会社、1998 年

小野有紀「第 5 章　第 2 節児童福祉施設における食事と栄養」
　新保育士養成講座編纂委員会編『第 8 巻　子どもの食と栄養』全国社会福祉協議会、pp.188-204、2013 年

厚生労働省雇用均等・児童家庭局母子保健課「児童福祉施設における食事の提供ガイド－児童福祉施　設における食事の提供及び栄養管理に関する研究会報告書－」2010 年
　http://www.mhlw.go.jp/shingi/2010/03/s0331-10a.html（2016 年 8 月 21 日）

厚生労働省雇用均等・児童家庭局保育課長「楽しく食べる子どもに～保育所における食育に関する指針～（概要）」、2004 年　http://www.mhlw.go.jp/shingi/2007/06/dl/s0604-2k.pdf（2016 年 8 月 20 日）

佐藤悦子他『食の福祉的支援に関する調査研究報告書　食の福祉的支援　在宅高齢者や障害者のくらしを支えるために』社会福祉法人東京都社会福祉協議会、2007 年

社団法人日本栄養士会　全国福祉栄養士協議会編『福祉施設の行事食ガイド』第一出版、1995 年

保育福祉小六法編集委員会編『保育福祉小六法　2016 年版』みらい、2016 年

第4章	「子ども」の人権と「社会福祉」 －保育士が社会福祉を学ぶ目的とその意義－

I　社会福祉の歴史から考える保育士

1　戦前の保育

　保育士資格取得を目指す学生から「なぜ社会福祉の勉強をしないといけないのだろう」と質問を受けることがある。「保育のことをもっと知りたいけど、そもそもなぜ『福祉』の授業があるのだろうか」と疑問に思う人も多いようである。実は、社会福祉と保育は関係が非常に深いのである。現在は地域や家庭での子育て機能の弱体化や、子どもを取り巻く問題の多様化により、保育士には社会福祉の知識、ソーシャルワークの技術がますます必要とされているのである。そこで、過去から現代に至る社会福祉と保育の歴史から、保育士が社会福祉を学ぶ目的や意義について考えてみよう。

　保育事業は戦前から慈善事業的に篤志家等により行われていた。しかし、現在のように「養護と教育」ではなく「養護や保護」という側面が強いものであった。例を挙げると、児童養護施設の前身と言われる石井十次による「岡山孤児院」1887（明治20）年。赤沢鐘美・仲子夫妻による、働くことのできない母親に対して、幼児を預かる託児所（保育所の前身）「守孤扶独幼稚児保護会」1890（明治23）年。石井亮一による日本で最初の知的障害児施設「滝乃川学園」1891（明治24）年。非行少年の教育と支援をした、児童自立支援施設の前身と言われる留岡幸助による「家庭学校」1899（明治32）年。貧民児に対して良い境遇で教育を受けさせるため行った、野口幽香・森島美根による「双葉幼稚園」1900（明治33）年、などが代表的なものである。当時は、現在のように子どもそのものの人権尊重の考えは薄く、子どもの人権は親が握っており、貧しい家庭では、労働力のひとつとして考えられていた。

2　戦後の社会福祉と保育

　終戦後、保育事業は大きな変革を迫られた。その理由は、戦災孤児、浮浪児の急増であった。子どもたちの保護や養護・養育は急務となったことで、1947（昭和22）年に児童福祉法が制定され、児童相談所の設置や児童福祉施設の整備が定められた。そのなかで、児童の保育に従事する者が「保母」と規定され、任用資格が生まれた（保育士の前身）。このように、慈善事業から社会事業として整備されていき、保育に携わる専門職が生まれたのである。

　次に、わが国の社会福祉事業は、1951（昭和26）年の社会福祉事業法により第1種社会福祉事業と第2種社会福祉事業に分けられた。第1種社会福祉事業は利用者への影響が大きく、経営安定を通じた利用者保護の必要性が高い事業である。主として入所施設サービスが多く、乳児院、母子生活支援施設、児童養護施設、障害児・者入所施設などがある。第2種社会福祉事業は比較的利用者への影響が小さく、公的規制の必要性が低い事業である。主として在宅サービスが多く、障害児・者通所施設、保育所などがある。こうして、保育所は第2種社会福祉事業に位置付けられた。

　このように、児童福祉施設等で働く保育士は福祉領域の専門職であることから、社会福祉についての理解を深める必要があることが理解できよう。

　厚生労働省保育士養成課程の「社会福祉」は保育の本質・目的に関する科目として、5つの達成目標がある。

　内容は以下の通りである。
①　現代社会における社会福祉の意義と歴史的変遷について理解する。
②　社会福祉と児童福祉及び児童の人権や家庭支援との関連性について理解する。
③　社会福祉の制度や実施体系等について理解する。
④　社会福祉における相談援助や利用者の保護にかかわる仕組みについて理解する。
⑤　社会福祉の動向と課題について理解する。

　このように、「社会福祉」は、我々が生活している社会全般の流れを理解し、社会の中で自分らしく幸せな生活を実現していくために直結した項目であり、学ぶ重要性は高い。

Ⅱ　社会福祉を担う保育士の役割

1　保育士とは

　福祉領域の専門職である保育士は、児童福祉法で規定されている。
　保育士とは、児童福祉法に基づき、「登録を受け、保育士の名称を用いて専門的知識

及び技術をもって、児童の保育及び児童の保護者に対する保育に関する指導を行うことを業とする者」をいう（児童福祉法第18条の4）。保育士は「保母」の名称が長く用いられ、1977（昭和52）年には男性にも準用された。その後、男性の保育現場への進出や、「男女がともに育児を行う」という意識の高まりなどを受けて、1999（平成11）年4月から「保育士」として男女共通名称に変更された。そして、2001（平成13）年11月の「児童福祉法を一部改正する法律」により、保育士の定義に、「児童の保育（養護と教育）」だけでなく、「保護者に対する保育に関する指導」が明示されたことで、保護者の相談援助機能を強化し、家庭を支え、「子どもの最善の利益」を考えた生活の保障を行うことが求められた。そして、同法の改正を受け、2003（平成15）年10月より名称独占資格として規定され、国家資格となり、今まで以上に専門性が求められるようになった。

　保育士の職域は、主として児童福祉施設である。その中では圧倒的に保育所で働く保育士が多い。その他、助産院、乳児院、児童養護施設、児童厚生施設、障害児入所施設、児童発達支援センター、情緒障害児短期治療施設、児童自立支援施設などがある。また、母子生活支援施設の母子支援員や、放課後児童支援員の資格要件にも定められている。

2　家庭及び地域の支援

　では、保育士には具体的にどのような役割が求められているのだろうか。

　我が国では、家庭及び地域を取り巻く環境が年々変化してきている。高度経済成長期からは、人口は都市に集中し、核家族化が進み、居住形態も変化し、乳児、幼児を抱えた家庭が祖父母に子育ての助言を受けたり、手助けを受けたりする機会も減少した。近隣同士のつながりも希薄化するなかで、地域互助力や子育て機能も低下していった。

　そのような中で、1988（平成10）年の、児童福祉法一部改正で、保育士による子育て支援のひとつとして、子育てや家庭の育児不安を解消するための相談・助言や、育児サークル支援、育児講座の開催など、地域の子育てを支援する努力義務が付け加えられた。また、2000（平成12）年の新エンゼルプランでは、「保育等子育て支援サービスの充実」を掲げ、保育所による育児相談・育児講座・園庭開放など、地域の中での子育て機能の強化も求められるようになった。このように、保育所は入所している子どもだけでなく、家庭の中の子ども、そして保護者、また、入所していない地域の子どもたちの子育て支援に貢献することが求められ、そこで働く保育士も同様の支援ができるように、知識や技術を身に付ける必要がある。

3 ソーシャルワーク機能が求められる保育士

子育てに関するニーズも多様化している。図4-1の児童相談所における相談の種類別対応件数から、家庭や地域が抱える問題をとらえてみよう。

図4-1 児童相談所における相談の種類別対応件数
厚生労働省HP

厚生労働省「平成26年度 福祉行政報告例の概況」によると、児童相談所における2015（平成26）年度の相談対応件数は420,128件となっている。そして、相談の種類別にみると、「障害相談」が183,506件（構成割合43.7％）と最も多く、次いで「養護相談」が145,370件（同34.6％）、「育成相談」が50,839件（同12.1％）となっている。その中でも、「養護相談」の構成割合は年々増加している傾向にある。その理由の一つに児童虐待がある。平成26年度中に児童相談所が対応した養護相談のうち児童虐待相談の対応件数は88,931件で、前年度に比べ15,129件（20.5％）増加している。被虐待者を年齢別にみると、「小学生」が30,721件（構成割合34.5％）と最も多く、次いで「3歳～学齢前」が21,186件（同23.8％）、「0～3歳未満」が17,479件（同19.7％）となっている（表4-1）。

表4-1 被虐待者の年齢別対応件数の年次推移

（単位：件）

	平成22年度[1]	構成割合(%)	23年度	構成割合(%)	24年度	構成割合(%)	25年度	構成割合(%)	26年度	構成割合(%)	対前年度増減数	増減率(%)
総　数	56 384	100.0	59 919	100.0	66 701	100.0	73 802	100.0	88 931	100.0	15 129	20.5
0～3歳未満	11 033	19.6	11 523	19.2	12 503	18.7	13 917	18.9	17 479	19.7	3 562	25.6
3歳～学齢前	13 650	24.2	14 377	24.0	16 505	24.7	17 476	23.7	21 186	23.8	3 710	21.2
小学生	20 584	36.5	21 694	36.2	23 488	35.2	26 049	35.3	30 721	34.5	4 672	17.9
中学生	7 474	13.3	8 158	13.6	9 404	14.1	10 649	14.4	12 510	14.1	1 861	17.5
高校生・その他	3 643	6.5	4 167	7.0	4 801	7.2	5 711	7.7	7 035	7.9	1 324	23.2

注：1）平成22年度は、東日本大震災の影響により、福島県を除いて集計した数値である。

図4-1に同じ

図 4-2　児童虐待の相談種別対応件数の年次推移
図 4-1 に同じ

図 4-3　児童相談における主な虐待者別構成割合の年次推移
図 4-1 に同じ

　相談の種別をみると、「心理的虐待」が 38,775 件と最も多く、次いで「身体的虐待」が 26,181 件「ネグレクト」が 22,455 件となっている（図 4-2）。また、主な虐待者別構成割合をみると「実母」が 52.4％と最も多く、次いで「実父」34.5％となっている。（図 4-3）

　表 4-2 は児童相談所が受け付ける相談の種類及び主な内容の説明である。例えば、「育児ノイローゼやパニック障害のためうまく子育てできない」「ひとり親の新しいパートナーがしつけといい暴力を振るう」「ママ友や保育所などで、子どもが何か変と言われるがどうしたらいいかわからない」「近隣の子どもが学校へ行っていない。よく泣き声が聞こえる」等様々な問題が寄せられている。このように、子どもの子育てに関する問題とニーズは多様化している。

　そこで、保育士は、児童虐待、ひとり親の子育て、障がいのある子どもの保育、貧困、災害発生等の様々な問題やニーズに対し、適切に相談に応じ、助言や支援を行いつつ、他の関係機関の福祉専門職や医療関係職と連携を図り、問題の解決、生活支援をしていくことが求められている。連携においては、社会福祉士、保健師、心理士、看護師、学校教諭、精神保健福祉士、言語聴覚士、理学療法士、作業療法士、介護福祉士、栄養士、民生委員、児童委員等、多様であり、各分野についての知識も必要であることがわかる。それによって、問題を抱えた子どもを、適切な機関や専門職につなぎ、子どもの生活

の安定を総合的に支援することができるのである。

表4-2　児童相談所が受け付ける相談の種類及び主な内容

養護相談	1．養護相談	父又は母等保護者の家出、失踪、死亡、離婚、入院、稼働及び服役等による養育困難児、棄児、迷子、虐待を受けた子ども、親権を喪失した親の子、後見人を持たぬ児童等環境的問題を有する子ども、養子縁組に関する相談。
保健相談	2．保健相談	未熟児、虚弱児、内部機能障害、小児喘息、その他の疾患（精神疾患を含む）等を有する子どもに関する相談。
障害相談	3．肢体不自由相談	肢体不自由児、運動発達の遅れに関する相談。
	4．視聴覚障害相談	盲（弱視を含む）、ろう（難聴を含む）等視聴覚障害児に関する相談。
	5．言語発達障害等相談	構音障害、吃音、失語等音声や言語の機能障害をもつ子ども、言語発達遅滞、学習障害や注意欠陥多動性障害等発達障害を有する子ども等に関する相談。ことばの遅れの原因が知的障害、自閉症、しつけ上の問題等他の相談種別に分類される場合はそれぞれのところに入れる。
	6．重症心身障害相談	重症心身障害児（者）に関する相談。
	7．知的障害相談	知的障害児に関する相談。
	8．自閉症等相談	自閉症若しくは自閉症同様の症状を呈する子どもに関する相談。
非行相談	9．ぐ犯等相談	虚言癖、浪費癖、家出、浮浪、乱暴、性的逸脱等のぐ犯行為若しくは飲酒、喫煙等の問題行動のある子ども、警察署からぐ犯少年として通告のあった子ども、又は触法行為があったと思料されても警察署から法第25条による通告のない子どもに関する相談。
	10．触法行為等相談	触法行為があったとして警察署から法第25条による通告のあった子ども、犯罪少年に関して家庭裁判所から送致のあった子どもに関する相談。受け付けた時には通告がなくとも調査の結果、通告が予定されている子どもに関する相談についてもこれに該当する。
育成相談	11．性格行動相談	子どもの人格の発達上問題となる反抗、友達と遊べない、落ち着きがない、内気、緘黙、不活発、家庭内暴力、生活習慣の著しい逸脱等性格もしくは行動上の問題を有する子どもに関する相談。
	12．不登校相談	学校及び幼稚園並びに保育所に在籍中で、登校（園）していない状態にある子どもに関する相談。非行や精神疾患、養護問題が主である場合等にはそれぞれのところに分類する。
	13．適性相談	進学適性、職業適性、学業不振等に関する相談。
	14．育児・しつけ相談	家庭内における幼児のしつけ、子どもの性教育、遊び等に関する相談。
	15．その他の相談	1〜14のいずれにも該当しない相談。

厚生労働省HP

4　近年の保育士を取り巻く状況

　保護者の就労の有無による利用施設の限定や待機児童の増加、地域や家庭での子育て機能の低下などに対応するため、2012（平成24）年8月に、子ども・子育て関連3法（「子ども・子育て支援法」、「就学前の子どもに関する教育、保育等の総合的な提供の推進に関する法律の一部を改正する法律」、「子ども・子育て支援法及び就学前の子どもに関する教育、保育等の総合的な提供の推進に関する法律の一部を改正する法律の施行に伴う関係法律の整備等に関する法律」）が成立し、2015（平成27）年4月から、「子ども・子育て支援新制度」が始まった。

　「すべての家庭が安心して子育てができ、子どもたちが笑顔で成長していくために、幼児期の学校教育や保育、地域の子育て支援の量の拡充と質の向上を進めて行く」（内閣府）という国の方針も打ち出された。その取り組みの一つとして、幼稚園と保育所の機能や特長をあわせ持ち、地域の子育て支援も行う施設として「認定こども園」、待機児童が特に多い0～2歳の子どもを少人数で保育する「地域型保育」が新設された。また、子育て支援対策としては、「利用者支援」「乳児家庭全戸訪問」「ファミリー・サポート・センター」「子育て短期支援（ショートステイ、トワイライトステイ）」「養育支援訪問」などの取り組みが進められている。認定こども園に配置される職員は、原則として幼稚園教諭の普通免許状と保育士資格の両方を有する「保育教諭」であることが必要であると規定されるなど、今後、保育士には、「学校教育・保育」の知識・技術や、地域の子育てを支える相談援助能力を持ち合わせていくことも望まれている。

　以上、保育の歴史や社会状況、保育士に求められるニーズ等をみてきた。保育士が子どもや保護者、地域を支え、「社会福祉を担う」大切な仕事だということが理解できたであろう。

　我が国の社会福祉の根幹は、基本的人権の尊重にある。憲法第25条生存権において「すべて国民は、健康で文化的な最低限度の生活を営む権利を有する。」「すべての生活部面について、社会福祉、社会保障及び公衆衛生の向上及び増進に努めなければならない。」とある。

　保育所保育指針において、保育所の役割の3つ目に「保育所は、入所する子どもを保育するとともに、家庭や地域の様々な社会資源との連携を図りながら、入所する子どもの保護者に対する支援及び地域の子育て家庭に対する支援等を行う役割を担うものである。」とある。また、保育所の社会的責任において遵守すべきことは、①「子どもの人権の尊重」、②「地域交流と説明責任」、③「個人情報の保護と苦情解決」と保育所保育指針解説書に明示されている。

　現在、基本的人権、そして子どもの人権が脅かされる問題とニーズが多様化していることも学んできた。子どもの生活そのものを支援する保育士は、ますます重要な役割を担っているのである。

Ⅲ　子どもの人権

1　子どもの人権とは

　社会福祉の根幹は、「基本的人権の尊重」であるのは前述した通りであり、大人の人権と同様に「子どもの人権」も尊重されなければならないのは、言うまでもないことである。近年、子どもの人権が著しく侵害される事件が、社会の中で蔓延してきているのは、嘆かわしいことである。前述したように、虐待に関する相談件数は年間1万件ずつ増加しているという社会現象があり、その経緯において虐待死に至る事案も看過できない状況である。

　こうした社会現象の背景には、大人（養育者を含む）の「誤った『子ども観』」が潜んでいるのではないかと考えられる。以下、大人が決めつけている「子どもの姿・子どもの成長・子どもの発達」等を見直さないといけないのではないだろうか。

　　①子どもは未発達で自力で判断する力がなく、大部分は大人が指示しなくては何もできない。
　　②子どもは、保護・養護される立場にあり、大人の考えに従うのは当然である。
　　③子どもには、自分なりの意見を言う能力も権利もない。
　　④子どもは、体罰でしつけをされても仕方がない面がある。
　　⑤子どもは、大人の示した考えに従属すべきで、考え方の選択肢などはない。
　　⑥子どもは体力的にも大人にはかなわず、反抗することは許されない。

　上記のような「誤った『子ども観』」のために、「子どもに何が分かる」「子どものくせに」という子どもの意見や価値観を認めず、本来子どもが有している「こどもの人権」が損なわれ、挙げ句の果てに、人権が著しく侵害される状況が生み出されかねない。「人権」＝「すべての人々が生命と自由を確保し、それぞれの幸福を追求する権利」「人間が、人間らしく生きる権利として、生まれながらにして持っている権利」が、大人のためだけでなく子どもにも、「子どもの人権」としても尊ばれなければならない。

2　子どもの人権を擁護する法律・条例とは

　ここで、改めて「子どもの人権」が擁護されている法律・条約等を列挙する。

■日本国憲法 1947（昭和22）年5月3日施行
　○憲法第十一条：基本的人権
　「国民は、すべての基本的人権の享有を妨げられない。この憲法が国民に保障する基本的人権は、侵すことのできない永久の権利として、現在及び将来の国民に与へられる。」

第4章　「子ども」の人権と「社会福祉」　－保育士が社会福祉を学ぶ目的とその意義－

○憲法第十三条：生命、自由及び幸福追求の権利
　「すべて国民は、個人として尊重される。生命、自由及び幸福追求に対する国民の権利については、公共の福祉に反しない限り、立法その他の国政の上で、最大の尊重を必要とする。」
○憲法第十八条：奴隷的拘束の禁止
　「何人も、いかなる奴隷的拘束も受けない。又、犯罪に因る処罰の場合を除いては、その意に反する苦役に服させられない。」
○憲法第二十五条：生存権
　「すべて国民は、健康で文化的な最低限度の生活を営む権利を有する。」

■世界人権宣言　1948（昭和23）年12月　国際連合で採択

■国際人権規約　1966（昭和41）年12月　国際連合で採択

■児童の権利に関する条約（子どもの権利条約）
　　　　　　　1989（平成元）年11月　国際連合で採択
　　　　　　　1994（平成6）年4月　日本で批准　5月発効
○第2条：「あらゆる差別の禁止」
　　　　　人種や肌の色、性別、考え方、障害の有無、保護者の地位などで差別されない。
○第3条：「子どもの最善の利益確保」
　　　　　"子どもにとって最もよいことは何か？"を軸に物事を考える必要がある。
○第6条：「生命・生存・発達への権利」
　　　　　国は子供の命を守り成長のため、最大限の努力をすること。
○第12条：「意見表明権」
　　　　　「子どもだから」と子どもの意見を無視したり、馬鹿にしたりしない。
○第13条：「表現の自由」
　　　　　子どもは、自分の考えや心情を自由に表現することができる。
○第16条：「プライバシーの権利」
　　　　　誰にも知られたくない、自分たちだけの秘密を守らなければならない。
○第19条：「虐待の禁止」
　　　　　あらゆる形態の身体的・精神的暴力から子どもは保護される。

■子どもの権利条例（全国各自治体にて制定）
○川崎市子どもの権利に関する条例　2000（平成12）年12月策定
○高知県子ども条例2004（平成16）年8月策定

○金沢市子ども条例 2001（平成 13）年 12 月策定

■保育所保育指針　1999（平成 11）年　改訂、2008（平成 20）年　大幅改訂
　保育所保育指針は、乳幼児の生活の変化を踏まえて見直しが重ねられており、「児童虐待などへの対応」の項目が設けられ、具体的な虐待発見の手がかり、関係機関との連携、入所児童に虐待が疑われる状況が見られる場合、保育士としての保護者への対応も記述されている。

■児童虐待防止等に関する法律　2000（平成 12）年 5 月施行　2004（平成 16）年、2007（平成 19）年 改正。
　児童虐待が児童の心身の成長及び人格の形成に重大な影響を与えることから、児童に対する虐待の禁止、被虐待児の保護、児童虐待の早期発見・早期対応、防止等の施策推進等を規定している。改正を重ね、虐待通告義務、親権停止などが加えられた。

　以上のように、様々な法律や条令等で「子どもの人権」が擁護されていても、社会構造が複雑になり、人と人とのコミュニケーションや親子関係が希薄になって来ている現代において、子どもの人権侵害問題が発生している。保育士という職種が日々の業務遂行の中で、人権擁護という視点で果たす役割は大きい。

Ⅳ　子どもの人権を擁護する保育士として望まれること

1　子どもの人権意識を高めるために

　保育士が向き合う 0 〜 5 歳児に対して、幼児の頃から人権意識・人権感覚を育成することは重要である。特に、自我が芽生える 3 〜 5 歳児には、いろいろな友だちがいて、友だちにはみんな違いがあり、それらを認めることができる感性が、幼児の人権感覚の醸成につながってくると言える。

○一人一人の違いを受け入れることができる、幼児の感性を高める。
　「みんなちがって、みんないい[1]」という言葉のある通り、「肌の色の違い」「体力の違い」「背丈の違い」「声の違い」など、個々人の違いを受け入れるように働きかける。友だちの一人一人には、必ず「良いところがある」という「いいとこ見つけ」

---

1) 金子みすゞ「私と小鳥と鈴と」『金子みすゞ童謡全集』JULA 出版局

第4章 「子ども」の人権と「社会福祉」 －保育士が社会福祉を学ぶ目的とその意義－

の取り組みなどを通して、個人の長所に目を向けるように声かけをする。友だちへの眼差しが温かくなると、子どもは集団の中で、認め合い、ひびき合い、お互いに成長し合えることができる。

○自他ともに認め合える、幼児の自己肯定感を醸成する。

　子どもの自己肯定感（＝自尊感情）を育成することは、自分のよさに気づき、それが友だちのよさを受け入れることができることへと発展していく。「今の自分が大好き」（I'm OK.）がやがては、「あなたのことも好きだよ」（You are OK.）となり、周囲のみんなといい関係が築けるようになるとされる。

保育士が、毎日子どもたちと向き合う中で、子どもの自己肯定感を醸成するためには、次のような姿勢が必要である。
・常に子どもの言動に関心を持ち、見守り活動を続ける。
・子どもに対して、共感的・受容的に対応する。
・子どものどんな小さな成長をも見逃さず、認める。
・子どもの長所を発見し、みんなの前で誉める。
・子どもの力を信じ、役割分担をする。
・子どもの存在を感謝する。
・子ども一人一人を大切にし、愛されていると実感させる。
　これらの根底にあるものは、温かいぬくもりのある思いやりであり、叱責・指示・命令ばかりを繰り返していては、子どもたちの心に自己肯定感や自尊心は育まれない。

2　保育士自身の人権感覚・人権意識を高めるために

　子どもの人権感覚や人権意識を醸成するには、保育士自身がまず人権に関する鋭い認識や感覚を研ぎ澄ませなければばらない。担当する子どもたちから不平等感や被差別感を抱かせる保育士の言動はもってのほかであり、どの子どもに対しても、きめ細やかで愛情あふれた対応が求められる。

　日常の子どもへの対応で、何気なく行っていることでも、当事者の子どもにとっては著しく傷つき、それがやがてはトラウマ（PTSD）となって、その後の健やかな成長を妨げる場合もある。以下は、保育士として、「子どもの人権」を擁護するための、日頃の地道な取り組みを挙げる。

○どの子に対しても平等で公平な態度で接し、差別的な対応は厳禁である。
○子どもの失敗は、そのことだけを叱り、その子の人格を否定したり、親のせいにしたりしないようにする。

○一人ひとりを一個の人格として捉え、きょうだいや友だちと比較して評価し　ないようにする。

○体罰で、子どものしつけをしないようにする。

○どんなことに対しても「子どもの最善の利益」を優先し、大人の都合や利害　を後回しにしなければならない。

○子どもの「虐待」については、保育士は敏感に察知し、虐待防止に努める。

　以上のように、子どもは人権を尊重されながら社会の中で守られ、幸せに暮らしていく権利がある。子ども自身も人権意識を高め、自ら平和に暮らしていける生きる力も身に付けなければならない。しかし、子どもは自分の意志や考えについて表明する能力は十分でないことから、保育士は、保護者や周囲の大人に対して、子どもの思いを代弁する（アドボカシー）の役割があることも忘れてはならない。

　最後に、保育士は子ども自身や家庭・地域が抱えている今日的な課題を敏感にキャッチし、自らが持つ保育技術・相談援助技術を駆使し、問題に対応にしなければならない。また、関係する各種の機関とつないでネットワークを形成し、社会全体で支援していけるようにチームを構築するなど、保育士自身の自己解決していく能力を高めることが重要である。

　そのためにも、保育士は、「子どもの人権」をはじめ、「社会福祉」を学ぶ必要があり、次世代社会において、子どもを取り巻く環境に目を向け、地域の様々なリソース（社会資源）を充分に活用しながら問題解決する能力を身につけることが求められている。

＜参考文献＞

内閣府・文部科学省・厚生労働省『幼保連携型認定こども園教育・保育要領解説』
　株式会社フレーベル館、2015 年

厚生労働省『平成 27 年版　厚生労働白書』

松井圭三・今井慶宗編『現代社会福祉概説』ふくろう出版、2015 年

松原 康雄・金子 充・圷 洋一『社会福祉　基本保育シリーズ④』中央法規出版、2015 年

直島 正樹・原田 旬哉　『図解で学ぶ保育　社会福祉』萌文書林、2015 年

厚生労働省『保育所保育指針解説書』、2008 年

鈴木祥蔵・岩堂美智子他　『子どもの人権と保育・教育』保育出版社、2005 年

森田 ゆり『エンパワメントと人権ーこころの力のみなもとへ』部落解放研究所 、1998 年

第 5 章	「健康」と「社会福祉」
	－看護師が社会福祉を学ぶ目的とその意義－

Ⅰ　看護師が活躍する社会福祉領域における施設

　看護師が働く場と聞いて、病院が思い浮かぶ人は多いであろう。確かに看護師が主に働く職場は病院といえる。しかしその他にも、乳児院や児童養護施設などの児童福祉施設や、障がい児（者）施設や特別養護老人ホームなどの社会福祉施設などにおいて、つまり社会福祉領域においても看護師が活躍する場はたくさんあるといえる。

　このような、社会福祉領域における看護師の役割について理解するためには、最初に社会福祉領域における法律や施設の種別について深く理解しておく必要がある。

　そして、看護師が活躍する社会福祉領域における施設には、児童福祉施設、老人福祉施設、障害者支援施設があげられる。

1　児童福祉施設

　児童福祉施設とは、児童福祉法第7条によって定められた次の12種類の施設を指す。①助産施設、②乳児院、③母子生活支援施設、④保育所（保育所型認定こども園を含む）、⑤幼保連携型認定こども園、⑥児童厚生施設、⑦児童養護施設、⑧障害児入所施設、⑨児童発達支援センター、⑩情緒障害児短期治療施設、⑪児童自立支援施設、⑫児童家庭支援センター、である。詳しくは第6章にて詳しく説明している。

　看護師が主に配置される施設に、乳児院、障害児入所施設、そして乳児が入所している場合の児童養護施設があげられる。

2　老人福祉施設

　老人福祉施設とは、老人福祉法第5条の3に規定された、①老人デイサービスセンター、②老人短期入所施設、③養護老人ホーム、④特別養護老人ホーム、⑤軽費老人

ホーム、⑥老人福祉センター、⑦老人介護支援センター、のことをいう。

①　老人デイサービスセンター
　　日常生活を営むのに支障のある高齢者に対し、入浴、食事の提供、機能訓練、介護の方法や生活等に関する相談および助言、健康診査等のさまざまなサービスを日帰りで提供することを目的とする施設である。

②老人短期入所施設
　　本人の心身の状況や、家族の病気・冠婚葬祭・出張等のため、又は家族の身体・精神的な負担軽減等を図るために、居宅において介護を受けることが一時的に困難となった方が短期間入所し、介護や日常生活上の支援を受けることができる施設である。ちなみに、介護保険法上は、「指定短期入所生活介護施設」という。

③養護老人ホーム
　　身体上又は精神上又は環境上の理由、及び経済的理由により、家庭での生活が困難な65歳以上の高齢者を入所させて、養護することを目的とする施設である。しかし、平成18年度より入所理由から「身体上及び精神上」が除外された。また、入所者は介護保険サービスを利用することができる。

④特別養護老人ホーム
　　65歳以上の高齢者で、身体上又は精神上の著しい障害があるため、常時介護を必要としかつ在宅生活が困難な高齢者に対し、入浴・排せつ・食事等の日常生活の世話、機能訓練、健康管理、療養上の世話を行うことを目的とした施設である。介護保険法上は、「指定介護老人福祉施設」とよばれ、要介護認定で要介護1以上と判定された場合、利用が可能である。

⑤軽費老人ホーム
　　家庭環境、住宅事情等の理由により居宅において生活することが困難な高齢者が低額な料金で入所し、食事の提供、その他日常生活上必要な便宜を受けることができる施設である。そして、食事サービスの提供があるＡ型と自炊のＢ型および、ケアハウスの3種類がある。
　　ちなみに、Ａ型・Ｂ型において入所者が個別の介護等を必要とする状態になった場合、外部の在宅福祉サービスを利用することがある。
　　また、ケアハウスとは、60歳以上の者（夫婦の場合、どちらか一方が60歳以上）で、かつ、身体機能の低下または高齢等のため独立して生活するには不安が認められる者で、家族による援助を受けることが困難な者が利用できる施設である。自立した

生活を継続できるよう構造・設備等の面で工夫されており、各種相談、食事サービスの提供、入浴サービスの提供のほか、緊急時の対応機能も備えている。そして入所者が要介護状態となった場合は、介護保険サービス等の利用によって対応する。

⑥老人福祉センター

　無料又は低額な料金で、地域の高齢者に対して各種の相談に応ずるとともに、健康の増進、教養の向上及びレクリエーションのための便宜を総合的に供与することを目的とする施設である。

⑦老人介護支援センター

　老人福祉に関する専門的な情報提供、相談、指導や、居宅介護を受ける老人とその養護者などと老人福祉事業者との間の連絡調整、その他援助を総合的に行うことを目的とする施設である。

さらに、一般的に“老人ホーム”と呼ばれているものとしては、次のような施設等がある。

・老人保健施設

　介護老人保健施設は、病気や障害の症状が安定していて入院や加療の必要はないものの、家庭で過ごすには少し不安な心身状態の方に対し、リハビリを中心とする医療的ケアと日常的な看護・介護サービスを提供することにより、1日も早い家庭復帰を図ることを目的とした施設である。

・認知症対応型共同生活介護（グループホーム）

　要介護者であって認知症により家庭での生活が困難になった方が、9人程度を単位として、介護を行う職員と共同生活を営む住居である。家庭的で落ち着いた環境のもとで、食事の支度や掃除、洗濯などを利用者と介護職員が共同で行うことにより、認知症の進行を穏やかにし、利用者がその有する能力に応じて自立した日常生活を営むことができるようにすることを目的としている。

・有料老人ホーム

　有料老人ホームとは、老人福祉法において「老人を入居させ、入浴、排せつ若しくは食事の介護、食事の提供又はその他の日常生活上必要な便宜であって厚生労働省令で定めるものの供与をする事業を行う施設であって、老人福祉施設、認知症対応型老人共同生活援助事業を行う住居その他厚生労働省令で定める施設ではないもの」として位置付けられている施設である。

その他、シニア住宅、高齢者向け優良賃貸住宅、シルバーハウジング、シルバーマンションなども一般的には老人ホームと呼ばれることがある。

3　障害者支援施設

　障がい者の日常生活及び社会生活を総合的に支援するための法律、略称「障害者総合支援法」において障害者支援施設が規定されている。

　旧法での障がい者の施設には、身体障害者更生施設、身体障害者療護施設、身体障害者授産施設、知的障害者更生施設、知的障害者授産施設、精神障害者社会復帰施設があった。これらの施設は障害者自立支援法制定時に、障害者支援施設の全て名称が変わり、現在に至っている。

Ⅱ　社会福祉施設等における看護師の役割

1　児童福祉施設等における看護師の仕事内容

　乳児院や、乳児が入所している場合の児童養護施設では、看護師の配置が義務付けられている。看護師の業務として、子どもたちの健康管理、施設の衛生管理、インフルエンザなど流行疾患、感染症の予防、医療機関との連携、病院への付添い、保育士の補助や施設内業務のサポート、児童や職員の健康や保健に関する相談、などがあげられる。また、保育所にて看護師が勤務している場合もあり、特に、病児保育や病後児保育の場にて看護師が活躍している場面も、最近ではよく目にする。その他、乳児家庭全戸訪問である「こんにちは赤ちゃん事業」において、看護師が訪問し、赤ちゃんの身長や体重を測定したり、保護者の話を聴いたり相談にのったり、児童虐待の疑いはないかの確認をしたりすることもある。

2　老人福祉施設における看護師の仕事内容

（1）養護老人ホームにおける看護師の仕事内容

　原則 65 歳以上の高齢者で、家庭環境や経済的な理由により、自宅での生活が困難な人が利用できる。しかし、ある程度自立した生活のできることが条件となっているため、入所者一人ひとりの健康管理が重要な業務である。

　また他職種たちと連携し、異常や異変の早期発見に努め、適切な判断のもと医療につなげなければならない。

あるいは、感染症流行時には、感染拡大を防止することも、看護師の重要な役割と

いえる。

（2）特別養護老人ホーム（特養）における看護師の仕事内容
　2015（平成27）年4月より、特養への新規入所者は要介護度3以上の高齢者に限定された。そのため医療ニーズの高い入所者が多く、医療的ケアや看取りが重要となってくる。
特養における医療的ケアとして最も多いのが、胃瘻における栄養管理であり、次に痰の吸引、導尿、インスリン注射、人工肛門（ストーマ）ケア、点滴、酸素吸入、などがあげられる。

3　障がい者のための施設における看護師の仕事内容

　障がい者施設における看護業務は、日常の健康管理であるバイタルチェック、服薬管理、検診、通院業務が基本であるが、持病へのケアや経管栄養、喀痰吸引、褥瘡の処置、医師の指示によっては点滴を行う場合もある。また、利用者中にはてんかん発作を頻繁に繰り返す場合も多く、発作による転倒の備えや、転倒後の脳波検査、通院なども大切な業務である。
　あるいは、医師の定期的な診察の介助、MRSAや疥癬などの感染症の予防と対応、急変や事故などの緊急時対応も看護師の重要な仕事内容であり、またADLの維持や生活介助のオムツ交換や注入を看護師が行う場合も多い。
　また、異常行動つまり興奮、自傷、異食などに対する処置や、機能訓練をPT・OTと共に行ったり、皮膚疾患、たとえば長時間同じ姿勢をしていることによる褥瘡などの処置を行ったりもする。

4　障がい児のための施設における看護師の仕事内容

　新生児集中医療の発達に伴い、赤ちゃんの命が救われることと同時に重症心身障がい児が増加している。重症心身障がい児が増加するということは、医療的ケアが必要な子どもが多くなったといえる。このような状況において、障がい児の施設において看護師の存在は重要といえる。
　看護師は、内服管理はもとより、呼吸困難のある子どもには、人工呼吸器や酸素投与の管理、喀痰を促すために体位変換や吸引が必要である。そして何らかの理由で経口摂取が不可能な児に対しては、経管栄養に伴う処置や管・皮膚の管理も行っていく。また筋緊張が強く、骨の変形や拘縮が多く見られるので、毎日のリハビリ支援も重要といえる。

Ⅲ　訪問看護

　近年では、病気や障害があっても、住み慣れた家で家族とともに、地域で助け合いながら生活し、その環境の中で最期を迎えたいと思っている人が増えてきている。訪問看護の利用者数の推移を見てもわかるように、医療保険、介護保険ともに、訪問看護サービス利用者数は増加している（図 5-1 参照）。

図 5-1　訪問看護の利用者数の増加
厚生労働省 HP

　さらに、訪問看護利用者における医療依存度の状況を見ると、重度や最重度の利用者が増えている事がわかる。これは、単に医療的ケアが厚くなった事を意味するだけではなく、病気の急変や緊急時の対応など 24 時間対応体制が必要な利用者が増加している事も示している（図 5-2 参照）。
　我が国では急速に少子高齢化が進んでおり、2025（平成 37）年には「団塊の世代」がすべて 75 歳以上になるため、慢性疾患や認知症などに対する医療と介護の両方を必要とする高齢者が増加する。これらの事から、今後はますます医療ニーズ、介護ニーズは多様化してくる。これに対しては個々に応じたケアが必要であるが、そのためには、医療と介護の連携が必須であり、それぞれの関係職種間の相互理解や情報の共有がこ

第5章 「健康」と「社会福祉」 －看護師が社会福祉を学ぶ目的とその意義－

れからの課題である。

図5-2　訪問看護に求めること
p19の図5-1に同じ

　また、障がい児においても同様のことがいえ、病気や障害があっても、子どもたちが家族と一緒に住み慣れた自宅で、社会参加をしながら暮らし続けることができる地域を作っていく事業が近年すすんでおり、障がい児等支援訪問看護センター事業を受託される医療財団法人などもある。
　以下では具体的な看護師の仕事内容をみていく。

1　訪問看護における看護師の仕事内容（成人）

　かかりつけの医師と連絡をとり、心身の状態に応じて以下のようなケアを行う。
　①健康状態の観察と助言
　②日常生活の看護
　③在宅リハビリテーション看護
　④精神・心理的な看護
　⑤認知症の看護

⑥検査・治療促進のための看護
⑦療養環境改善のアドバイス
⑧介護者の相談
⑨様々なサービス（社会資源）の使い方相談
⑩終末期の看護
　また入退院についての相談や、必要に応じて他の様々なサービスを紹介したり、関連機関と綿密な連携をとり、利用者が安心して豊かな療養生活を送れるための様々な支援や調整を、訪問看護にて行う。

①健康状態の観察と助言
・健康のチェックと助言（血圧、体温、呼吸、脈拍）
・特別な病状の観察と助言
・心の健康チェックと助言（趣味、生きがい、隣人とのつながりなど）

②日常生活の看護
・清潔のケア
・食生活のケア
・排泄のケア
・療養環境の整備
・寝たきり予防のためのケア
・コミュニケーションの援助

③在宅リハビリテーション看護
・体位交換、関節などの運動や動かし方の指導
・日常生活動作の訓練（食事、排泄、移動、入浴、歩行など）
・福祉用具（ベッド、ポータブルトイレ、補聴器、車椅子、食器など）の利用相談
・生活の自立、社会復帰への支援

④精神・心理的な看護
・不安な精神、心理状態のケア
・生活リズムの調整
・社会生活への復帰援助
・事故防止のケア
・服薬のケア
・リラックスのためのケア

⑤認知症の看護
・認知症状に対する看護、介護相談
・生活リズムの調整
・コミュニケーションの援助
・事故防止のケア

⑥検査・治療促進のための看護
・病気への看護と療養生活の相談
・床ずれ、その他創部の処置
・医療機器や器具使用者のケア
・服薬指導、管理
・その他、主治医の指示による処置、検査

⑦療養環境改善のアドバイス
・住宅改修の相談
・療養環境の整備
・福祉用具導入のアドバイス

⑧介護者の相談
・介護負担に関する相談
・健康管理、日常生活に関する相談
・精神的支援
・患者会、家族会、相談窓口の紹介

⑨様々な在宅ケアサービス（社会資源）の使い方相談
・自治体の在宅サービスや保健、福祉サービス紹介
・民間や関連機関の在宅ケアサービス紹介
・ボランティアサービス紹介
・各種サービス提供機関との連絡、調整
・その他、保健、医療、福祉の資源紹介など

⑩終末期の看護
・痛みのコントロール
・療養生活の援助
・療養環境の調整
・看取りの体制への相談、アドバイス

・本人、家族の精神的支援

2　訪問看護における看護師の仕事内容（子ども）

　障害を持つ成人や高齢者への看護内容と共通する部分も多々あるが、障がい児への特徴的な支援内容を、以下でまとめる。
①病状、身体状況の観察、助言
②日常生活の支援
③医師の指示のもと医療的処置
④リハビリテーション

①病状、身体状況の観察、助言
・主治医からの指示書に基づいて評価した、サービス提供

②日常生活の支援
・食事や排泄、入浴、清拭の援助など
・授乳や離乳食へのアドバイス

③医師の指示のもと医療的処置
・酸素療法
・吸引
・カテーテル
・ストーマケア管理　など

④リハビリテーション
・機能訓練
・発達促進
・拘縮予防
・呼吸リハビリテーション
・言語発達促進
・摂食嚥下リハビリテーション　　など

　その他、必要に応じて行政サービスなど社会資源の情報提供を行ったりもする。
そして、病院・療育施設での看護やリハビリテーションとの違いと言えば、訪問看護の場合は、家にあるもので移動する練習をしたり、より安定する座位姿勢を模索したりするため、目的は、家庭において楽しく生活が送れるようになることとなる。

第 5 章 「健康」と「社会福祉」 －看護師が社会福祉を学ぶ目的とその意義－

＜参考文献＞

倉田慶子・樋口和朗・麻生幸三郎編『重症心身障害児の看護』株式会社へるす出版、2016 年

厚生労働省 HP　http://www.mhlw.go.jp/

公益財団法人日本訪問看護財団 HP　http://www.jvnf.or.jp/

公益社団法人全国老人福祉施設協議会 HP　http://www.roushikyo.or.jp/contents/

あいりす訪問看護ステーション HP　http://www.iris-hns.com/

合同会社 Loving Look HP　http://lovinglook-llc.com/

医療法人財団はるたか会 HP　http://harutaka-aozora.jp/

第6章	児童家庭福祉
	－子ども家庭福祉の体系と家庭支援－

I　児童家庭福祉の体系

1　児童福祉の対象

　児童福祉法は、平成28年6月3日に改正され、児童の権利に関する条約の精神にのっとること、また児童虐待についての発生予防から、自立支援までの一連の対策とさらなる強化等についての内容が組み込まれた。

　児童福祉法第4条において、「児童」とは「満18歳に満たない者」と定義されており、また同法第1条第2項では、「全て児童は、児童の権利に関する精神にのっとり、適切に養育されること、その生活を保障されること、愛され、保護されること、その心身の健やかな成長及び発達並びにその自立が図られることその他の福祉を等しく保障される権利を有する」と規定されている。このことから、児童福祉の対象は、「すべて」の「満18歳に満たない」子どもといえる。

　しかし、満18歳に満たない児童が生活する背景には、大半の子どもたちが過ごす「家庭」があり、その家庭による影響力は多大といえる。このような状況において、児童福祉の対象となるのは、満18歳に満たない児童のみではなく、現在ではその家庭もが対象とされる。したがって、児童福祉の施策においても、保育や健全育成などのすべての子どもや家庭を対象とした施策をはじめとし、近年、社会問題ともなっている児童虐待などの特別なニーズを持つ子どもや家庭への対応が求められている。

　以上のことから、児童福祉とは「子ども家庭福祉」を意味し、その対象は、子ども本人に関することはもちろん、その子どもを取り巻く家庭および地域までといえる。

　ちなみに、児童福祉法第2条には、「すべて国民は，児童が良好な環境において生まれ、かつ、社会のあらゆる分野において、児童の年齢及び発達の程度に応じてその意見が尊重されその最善の利益が優先して考慮され、心身ともに健やかに育成されるよう努めなければならない」とある。つまり、子どもたちが虐待されること等なく、安

心して安全な環境下で健やかに育っていく努力を、すべき人物は誰かとの問いに対する答えは、「すべての国民」ということになる。そして、同法第2条3項には、子育ての責任について、「国及び地方公共団体は、児童の保護者とともに、児童を心身ともに健やかに育成する責任を負う。」と規定されている。つまり、子育ての責任は誰にあるかとの問いの答えは、保護者はもちろんであるが、「すべての国民」「国」「地方公共団体」となる。

たとえば、被虐待児など、保護が必要とされる、要保護児童を発見した場合、すべての国民に通告の義務が課されている。それは、児童福祉法第25条で規定されており、「要保護児童を発見した者は、これを市町村、都道府県の設置する福祉事務所若しくは児童相談所又は児童委員を介して市町村、都道府県の設置する福祉事務所若しくは児童相談所に通告しなければならない」となっている。

2 子ども家庭福祉施策の体系

児童家庭福祉における主な法律は、いうまでもなく児童福祉法となるが、それに加えて、「児童虐待の防止等に関する法律」「配偶者からの暴力の防止及び被害者の保護等に関する法律」「児童買春、児童ポルノに係る行為等の規制及び処罰並びに児童の保護等に関する法律」などがある。

また、保護が必要とされる、虐待や非行、障がいなどの事情を抱える要保護児童等を対象に、児童福祉施設や里親制度などがある。

（1）「児童虐待の防止等に関する法律」

2000（平成12）年に制定された「児童虐待の防止等に関する法律」第2条では、虐待の行為者が「保護者」とされ、また児童虐待の定義が以下のようにされている。

---

①児童の身体に外傷が生じ、又は生じるおそれのある暴行を加えること。
　（＝身体的虐待）
②児童にわいせつな行為をすること又は児童をしてわいせつな行為をさせること。
　（＝性的虐待）
③児童の心身の正常な発達を妨げるような著しい減食又は長時間の放置、保護者以外の同居人による前二号又は次号に掲げる行為と同様の行為の放置その他の保護者としての監護を著しく怠ること。
　（＝ネグレクト）

④児童に対する著しい暴言又は著しく拒絶的な対応、児童が同居する家庭における配　偶者に対する暴力（配偶者（婚姻の届出をしていないが、事実上婚姻関係と同様の事る者を含む。）の身体に対する不法な攻撃であって生命又は身体に危害を及ぼすもの及びこれに準ずる心身に有害な影響を及ぼす言動をいう。）その他の児童に著しい心理的外傷を与える言動を行うこと。
（＝心理的虐待）

　心理的虐待においては「配偶者に対する暴力」を意味する内容があり、これは子どもがドメスティック・バイオレンス（DV）を見聞きするのみであったとしても、保護者による子どもへの「心理的虐待」となることを意味する。

（２）「配偶者からの暴力の防止及び被害者の保護等に関する法律」
　それでは、ドメスティック・バイオレンス（DV）についてであるが、2001 年に制定された「配偶者からの暴力の防止及び被害者の保護等に関する法律」第１条において、DV とは「配偶者から身体に対する暴力」「これに準ずる心身に有害な影響を及ぼす言動」と定義されている。また同法同条においては、「婚姻が取り消された場合」つまり元配偶者からの暴力であっても DV とみなされることが規定されている。
　この法律に言う「配偶者」には、婚姻の届をしていないが事実上婚姻関係と同様の状態も含み、また、「婚姻が取り消された場合」および事実上離婚したと同様の状態、つまり元配偶者等からの暴力であっても DV とみなされることが規定されている。
　法律上は「身体に対する暴力」「心身に有害な影響を及ぼす言動」とされているが、一般的に DV の種類は以下のように分類される。

①身体的暴力…殴る、蹴る、髪を引っ張る、など
②精神的暴力…怒鳴る、脅す、人前で馬鹿にする、子どもやペットに暴力を振るうなど
③性的暴力…無理やり性行為を強要する、避妊に協力しない、中絶を繰り返しおこなわせる、など
④経済的暴力…生活費を渡さない、仕事に行かせない、など
⑤社会的隔離…行動を監視して制限する、友人や親族などの付き合いを妨害するなど

　また、同法第六条では、DV を発見した者や医師は、配偶者暴力相談支援センターもしくは警察に通告しなければならない努力義務について明記されており、通告

の義務を守秘義務が妨げてはならないとされている。また医師はDV被害者に対し、配偶者暴力相談支援センターに関する情報提供する努力義務があるとされている。

　そして第十条には、同法の中で最も重要ともいえる「保護命令」について明記されている。これは、警察に訴えるのではなく、被害者が裁判所（地方裁判所）に申し立てることにより、裁判所から加害者に対し「保護命令」が出されるものとなっている。そして、この保護命令にはおもに2種類あり、接近禁止命令が6カ月、退去命令が2カ月と期間が定められており、もし、加害者が保護命令に違反した場合には、1年以下の懲役、または100万円以下の罰金に処されることになる。その他、子への接近禁止命令、親族等への接近禁止命令、電話等禁止命令がある。

（3）児童福祉施設

　児童福祉法第七条において、次の12種類の施設が児童福祉施設と定義されている。それは、①助産施設、②乳児院、③児童養護施設、④母子生活支援施設、⑤保育所、⑥幼保連携型認定こども園、⑦児童厚生施設、⑧障害児入所施設、⑨児童発達支援センター、⑩情緒障害児短期治療施設、⑪児童自立支援施設、⑫児童家庭支援センター、である。

　以下に、各施設の役割を示す。

①助産施設　…………	経済的理由により、入院助産を受けることができない妊産婦を入所させて、助産を受けさせる。
②乳児院　…………	乳児を入院させて、これを養育し、あわせて退院したものについて相談その他の援助を行う。
③児童養護施設　……	保護者のいない児童や虐待されている児童を入所させて養護し、あわせて退所した者に対する相談、その他の自立のための援助を行う。
④母子生活　………… 　支援施設	配偶者のいない女子、又はこれに準ずる事情にある女子及びその者の監護すべき児童を入所させ、これらの者を保護するとともに、これらの者の自立の促進のために生活を支援し、あわせて退所した者について相談その他の援助を行う。
⑤保育所　…………	日々保護者の委託を受けて、保育に欠けるその乳児又は幼児を保育する。

⑥幼保連携型 ……… 　認定こども園	教育・保育を一体的に行う施設で、いわば幼稚園と保育所の両方の良さを併せ持っている施設である。
⑦児童厚生施設 ……	児童に健全な遊びを与えその健康を増進し、又は情操を豊かにする。
⑧障害児入所施設 …	障がい児を入所させて、日常生活の指導、独立自活に必要な知識技能の付与（及び治療）を行う。
⑨児童発達支援 …… 　センター	障がい児を日々保護者の下から通わせて、日常生活における基本的動作の指導、独立自活に必要な知識技能の付与、又は集団生活への適用のための訓練（及び治療）を行う。
⑩情緒障害児 ……… 　短期治療施設	軽度の情緒障害を有する児童を、短期間入所させ、又は、保護者の下から通わせて、その情緒障害を治し、あわせて退所した者について相談その他の援助を行う。
⑪児童自立 ………… 　支援施設	不良行為をし、又はなすおそれのある児童及び家庭環境その他の環境上の理由により生活指導を要する児童を入所させ、又は保護者の下から通わせて、個々の児童に状況に応じて必要な指導を行い、その自立を支援し、あわせて退所した者について相談その他の援助を行う。
⑫児童家庭 ………… 　支援センター	子ども、家庭、地域住民等からの相談に応じ、必要な助言、指導を行う。又、児童相談所、児童福祉施設など、関係する機関の連絡調節も行う。

（4）里親制度
　児童福祉法第6条には、里親制度について規定されている。里親とは「厚生労働省令で定める人数以下の要保護児童を養育することを希望する者」であり、「都道府県知事が第27条第1項第3号の規定により児童を委託する者として適当と認めるもの」をいう。
　里親の種類には、①養育里親、②専門里親、③養子縁組里親、④親族里親、がある。

①養育里親	保護者のいない児童又は保護者に監護させることが不適当であると認められる児童を養育することを希望し、かつ、省令で定める要件を満たすものであって都道府県知事が要保護児童を委託するものとして適当と認め、養育里親名簿に登録されたものをいう。
②専門里親	省令で定める要件に該当する養育里親であり、①児童虐待等の行為により心身に有害な影響を受けた児童、②非行のある若しくは非行に結び付くおそれのある行動をする児童又は③身体障害、知的障害、若しくは精神障害がある児童のうち都道府県知事がその養育に関し特に支援が必要と認めたものを養育するものとして、養育里親名簿に登録されたものをいう。
③養子縁組里親	要保護児童を養育することを希望する者であって、養子縁組によって養親となることを希望するもののうち、都道府県知事が児童を委託する者として適当と認めるものをいう。
④親族里親	要保護児童の扶養義務者及びその配偶者である親族であって、要保護児童の両親その他要保護児童を現に監護する者が死亡、行方不明、拘禁、疾病による入院等の状態となったことにより、これらの者による養育が期待できない要保護児童の養育する者のうち、都道府県知事が児童を委託する者として適当と認めるものをいう。

　以上の児童福祉施設および里親委託等においては、児童相談所が措置する仕組みである。そこで、以下で児童相談所について解説する。

（５）児童相談所
　児童相談所は、児童福祉法第 12 条により設置が定められている行政機関である。児童相談所は、児童福祉法第 12 条及び第 59 条の 4 により各都道府県及び政令指定都市に児童相談所を設置することが義務付けられている。相談は、家庭やその他からの相談に応じて、児童のニーズや、環境状況などを把握して総合的に判断していく。そのうえで、児童の福祉の向上と児童の権利を守り健全な育成を図っていく、児童のための専門の行政機関である。
　児童相談所の業務は、次のようなものである。

①児童に関する問題について、家庭その他からの相談に応じる。
②問題についての調査並びに医学的・心理学的・教育学的・社会学的・精神保健上の調査を行う。
③調査・判定に基づいて指導を行う。
④児童の一時保護を行う。
⑤施設入所等の措置を行う。

　児童福祉法の改正により、市町村が相談の第一義的な窓口となることが業務として規定されたので、児童相談所は、市町村の児童家庭相談への対応に関して、連絡調整や、情報提供その他必要な援助を行う。

　一時保護の業務（児童を一時的に児童相談所に預かること）や、児童福祉施設への入所（児童を施設に措置する）ことは、児童相談所のみに与えられた権限であり、児童の健全育成の上で大切な業務である。近年特に児童虐待が急増してきており、児童の生命や、成長発達が阻害されている。市町村との連携の中で児童の健全育成への関わりが強く求められてきている。

<児童相談所の組織>
　児童相談所の組織は、総務部門、相談・判定・指導・措置部門、一時保護の3部門で組織されている。総務部門は庶務的事項、相談・指導部門は相談の受付や調査・社会診断・指導などを行う。判定・指導部門は個々の判定及び診断を行い、それをもとに指導を行う。

　職員は、所長・庶務・児童福祉司・相談員・児童心理司・医師・児童指導員・保育士等が配置されている。これらの職員のチームによる相談へのアプローチと、総合的な合議により児童の福祉の向上が専門的に図られるようになっている。

<相談の分類>
　児童相談所で受け付ける相談は、次のようであり、子どもの問題の全分野に亘っている。
①養護相談
　児童の家庭環境等起因する問題に関する相談
②保健相談
　児童の健康状態・疾患等に関する相談
③障害相談
　児童のあらゆる障害に関する相談
　❶肢体不自由相談
　❷視聴覚障害相談
　❸言語発達障害等相談

❹重症心身障害相談
❺知的障害相談
❻自閉症相談
④非行相談
　児童の非行行為等に関する相談
❶ぐ犯相談
❷触法行為等相談
⑤育成相談
　児童の生育上に出てくる問題に関する相談
❶性格行動相談
❷不登校相談
❸適性相談
❹育児・しつけ相談
⑥その他の相談
　上記のいずれにも該当しない相談

＜相談援助活動＞
①調査・診断・判定
　児童相談所は、受け付けた相談は児童福祉司、相談員等により社会診断、児童心理司により心理診断、医師による医学診断等を行う。さらに、必要により一時保護をした場合は、一時保護所の児童指導員や保育士等による行動診断も行う。これらの諸診断に基づく総合診断を行い、児童の処遇方針を行う。児童の一時保護は児童相談所のみが行う。一時保護をして、児童の行動観察を行う。

②処遇
　処遇方針に基づいて児童、保護者、関係者等に対して指導を行う。また、ケースにより措置等の処遇を行うこともある。処遇には「措置によらない指導」「措置による指導」がある。
「措置によらない指導」
　・助言指導
　・継続指導
　・他機関あっせん
「措置による指導」
　・児童福祉司指導
　・児童委員指導
　・児童家庭支援センター指導

第6章 児童家庭福祉 ―子ども家庭福祉の体系と家庭支援―

・知的障害者福祉司、社会福祉主事指導
・障害者相談支援事業を行うものの指導　等がある。

Ⅱ　子どもの権利保障と子ども観

　子どもの権利を考えていくにあたっては、すべての子どもの権利を認めることはもちろん、それを保障すべき大人・社会の責任を明確にしなければならない。たとえば「子どもの権利条約」がその国際的到達点である。本節では子どもの権利の明文化およびその歴史、そして子ども観についてみていきたい。

1　子どもの権利条約ができるまで

（1）「児童の世紀」

　19世紀末、スウェーデンの社会思想家であり教育者であり、また婦人運動家であるエレン・ケイは、20世紀を児童の世紀にしようと、1900年『児童の世紀』を著した。ここには、家庭や教育についての様々な革命、そして子どもの個性の尊重が訴えられており、11か国に翻訳され、世界的に有名になった。

　このような流れの中、当時、欧米諸国においては子どもの権利・人権とその保障についての意識が芽生え始めた。しかしその一方で、20世紀には2度の世界大戦があり、たくさんの子どもたちが犠牲になった事実もあった。

（2）ジュネーブ宣言（1924年）

　1918年に終戦をむかえた第一次世界大戦への反省をきっかけに、国際的レベルで子どもの権利について真剣に考えられはじめた。

　その先駆けとなるのが、イギリス児童救済基金団体が1922年に発表した「世界児童憲章」である。そしてこの世界児童憲章を国際的水準で公認した、「児童の権利に関するジュネーブ宣言（Declaration of the Rights of the Child）」は、ジュネーブに本部がおかれた国際連盟により1924年により採択された。この宣言は、全文と5か条の本文からなるものであり、人類は子どもに対し最善のものを与える義務を負うとされ、第一次世界大戦により被害に遭った子どもたちの救済・保護を目的とした5つの原則があげられた。

（3）児童の権利宣言（1959年）

　第一次世界大戦の20年後、再び第二次世界大戦が勃発した。そしていっそう夥しい被害がもたらされ、終戦後結成された国際連合において、1959年に「子どもの権

利宣言」が採択された。

　これは、1948 年の「世界人権宣言」をベースにし、1924 年の「ジュネーブ宣言を拡大したものである。全文ではジュネーブ宣言の「人類は、児童に対して最善のものを与える義務を負う」の一文が繰り返され、「児童が幸福な生活を送り、かつ、自己と社会の福利のために」宣言に挙げる権利及び自由を享有することができるように、10 か条の原則があげられた。たとえば第 4 条では「子どもは社会保障の利益を享受し、健康に成長発達する権利を有する」とはじまり、母体の出産前後のケアのことや、子どもの「十分な栄養、住居、レクレーション、医療を与えられる権利を有する」となっている。また第 9 条では「子どもは放任、虐待、搾取から保護されなければならない」として、売春の対象の禁止や、雇用について触れられている。

（4）子どもの権利条約 （1989 年）

　国連で児童の権利宣言が採択されたにもかかわらず、宣言遵守においては各国の「道義的責任」を持つということにとどまり実効性を持たなかった。そこで国連は拘束力を持つ条約を制定し、国際社会が子どもの権利を保障する体制が必要であるとし、1989 年に「子どもの権利条約」が採択された。

　第 1 条では子どもが「18 歳未満の者」と定義されている。そして第 2 条では「差別の禁止」において、人種・皮膚の色・性・言語・宗教・政治的意見などのいかなる種類の差別もされてはならないことが、第 3 条では「子どもの最善の利益」において子どもの最善の利益が第一次的に考慮されるべきことが、第 6 条では「生命への権利、生存・発達の確保」においてすべての子どもが生命への固有の権利を有することが、第 12 条では「意見表明権」において自分の見解をまとめる力のある子どもには自由に自己の見解を表明する権利が明記されており、これが条約の 5 本柱といわれている。

　その他、第 13 条では「表現・情報の自由」において子どもが表現の自由への権利を有していることが、第 14 条では「思想・良心・宗教の自由」において子どもの思想、良心および宗教の自由への権利が尊重され、それを表明する自由があることが、第 21 条では「養子縁組」においては養子縁組の制度を承認、許容している締約国は子どもの最善の利益が最高の考慮事項であることを大前提とし国際養子縁組などについて示されている。第 28 条では「教育への権利」において子どもの教育への権利が認められることが、明記されており、また第 20 条では子どもの社会的養護について触れられている。第 20 条 2 では「国内法に従い子どものための代替的養護を確保する」とされ、同条 3 では「当該養護には、とりわけ里親託置、イスラム法のカファーラ[1]、養子縁組、または必要な場所には子どもの養護に適した施設での措置を

---

1) イスラム世界ではいわゆる「養子縁組」が禁止されており、つまり名前の変更が許されていない。しかし、カファーラは親のない子どもなどを親に代わって育てることなので、社会的養護の意味を持っている。

含むことができる」とされている。

2　子ども観

　子どもの権利条約における最大の特徴は、国際社会において子どもという存在に人間としての存在価値および尊厳が認められ、人権の主体としての地位が明示されたことである。そして同条約にて強調されたのは、子どもが大人や社会から一方的に保護される受動的な存在としてではなく、意見表明ができる等の能動的な存在とされたことである。

（1）受動的存在としての子ども
　歴史的に、子どもが保護の対象となったのは、子どもが大人とは異なる存在として「こどもの発見」がなされたことによる。アリエスが『＜子供＞の誕生』（1960年）で示したが、子どもが固有の存在として意識化されたのは近代以降であり、17世紀までは子どもという概念自体が存在せず、中世における芸術領域においても子どもが「小さな大人」として表現されていることが確認されている。この時代は、家父長制家族制度の下で子殺し・子捨てが当たり前のように行われていた。
　しかし、子どもに愛情を持って大切に育てることが一般的になるにつれて、子どもの弱さや傷つきやすさが保護の対象へと変化していった。その結果、イギリスでは産業革命以降の過酷で残酷な児童労働を規制する工場法（1833年）が制定され、国家的に子どもが保護されることとなった。このようにして、受動的存在としての子どもは、保護の対象となった。

（2）能動的存在としての子ども
　「子ども」の発見者とされるルソーは、『エミール』（1762年）にて、成長・発達には子どもに固有の法則性があることを明らかにした。近代の教育学では、未熟な存在としての子どもであるからこそ、教育により、人間性の形成を通して「自律」した主体を目指すとする、教育実践が展開されていった。
　1960年代に入って、アメリカでは「伝統的な家族」の崩壊により児童虐待や離婚の件数が増加したため、様々な権威的な保護から子どもを開放すべきという考えが誕生した。1969年のティンカー判決では、子どもの積極的な表現の自由が、連邦最高裁により認められた。
　先述したように、子どもの権利条約においても「意見表明権」「表現・情報の自由」がうたわれ、現在では能動的な子ども観として、子どもが本来持つ力を信じる

ことにより、エンパワメント[2]実践が実施されている。つまり現代において、「子ども」とは、自律的な権利と保護を受ける権利といった両面を併せ持つ存在とされているのである。

Ⅲ　子どもの最善の利益における家庭支援

1　子どもの最善の利益

　子どもの権利条約第3条では、子どもの最善の利益とは、「児童に関するすべての措置をとるにあたっては、公的もしくは私的な社会福祉施設、裁判所、行政当局または立法機関のいずれによって行われるものであっても、児童の最善の利益が主として考慮されるものとする」とされている。つまり、子どもに関して何かを決定する時は、子どもにとってベストなこと・ベストな状態とは何かということを軸に物事を考えなければならないことを意味する。

　保育所保育指針にも、その目的に、「子どもの最善利益」を考慮した保育について言及されている。そして先述したように、子育ての責任は、保護者はもちろん、国や地方公共団体、そしてすべての国民にある。ということは、子育てに場面における「子どもの最善の利益」とは、保護者の都合、職場の都合、保育所など地域の都合、国の都合を考える前に、第一に子どもの都合を考え、一番優先すべきは子どもであるといった認識を持ち、子どもに対応していくということになる。しかし、これらの認識を保護者や保育所のみが持っていたとしても、職場における理解がなければ、「子どもの最善の利益」が無視される結果をまねいてしまう。したがって、職場の利益と「子どもの最善の利益」とが対立してしまう状態があるとすれば、その職場、その国においては、「子どもの最善の利益」が保障されていないこととなる。

2　子ども家庭支援

　子育て支援といえば、保育所をはじめとして、保育所に併設されることが多い地域子育て支援センターのような子育て支援サービス、や認可外保育施設、あるいは医療給付や各種手当制度がある。要保護児童に対する支援はすでにⅠおよびⅡでも述べたため、ここでは特に要保護児童のみを対象とはせず、以下に各施設および各種手当等について紹介する。

---

2)　虐待などの何らかの理由で力を奪われてしまった状態から、その子が本来持っている力を最大限に引き出すこと。

第6章　児童家庭福祉　−子ども家庭福祉の体系と家庭支援−

（1）地域子育て支援センター…地域子育て支援拠点事業として厚生労働省では「ひろば型」「センター型」「児童館型」として、それぞれの機能を活かして、子育て支援を応援している。その中の、「センター型」の支援である。

　地域子育て支援センターの実施主体は市町村であり、基本事業は①子育て親子の交流の場の提供と交流の促進、②子育て等に関する相談・援助の実施、③地域子育て関連情報の提供、④子育て及び子育て支援に関する講習等の実施、となっている。実施場所が保育所等の児童福祉施設等となっているのが特徴的で、従事者も保育士をはじめ、看護師など育児、保育に関する相談指導等について相当の知識・経験を有する者で、地域の子育て事情に精通した者、となっている。また、開設日数等は週5日以上、1日5時間以上となっている。

（2）認可外保育施設…認可外保育施設であっても、児童福祉法により、施設開設の届出が義務付けられている。児童福祉法改正前は、乳幼児の数が6名以上となっていたが、改正後は保育する乳幼児の数が1名以上の施設に対して届出義務が課された。

（3）子どもの医療費給付…市町村により多少の違いがあるものの、一般的には乳幼児の医療費給付や、小学生の医療費給付が実施されている。その他、妊産婦の医療費給付やひとり親家庭等の医療費給付、寡婦等の医療費給付等もある。

（4）手当…子育て支援における諸手当に、児童手当、児童扶養手当、特別児童扶養手当、等がある。
①児童手当：父母その他の保護者が子育ての第一義責任を有するという基本的認識の下に、家庭等における生活の安定に寄与するとともに、次代の社会を担う児童の健やかな育ちに資することを目的として、児童を養育している者に支給される制度である。支給対象は、15歳到達最初の3月末（中学校3学年修了）までの児童を養育している父母となる。児童手当には所得制限がある。
②児童扶養手当：次のいずれかにあてはまる児童を監護している母あるいは父、または母あるいは父に代わり児童を養育している人が受給できる。
・父母が離婚を解消した児童
・父（母）が死亡した児童
・父（母）が政令で定める重度の障がいの状態にある児童
・父（母）の生死が明らかでない児童
・父（母）が1年以上遺棄している児童
・父（母）が母（父）の申し立てにより裁判所からDV保護命令を受けた児童
・父（母）が法令により1年以上拘禁されている児童

・母が婚姻によらないで出産した児童

　そして、受給期間は、児童が満 18 歳になった後の最初の 3 月 31 日までで、中度以上の障がいがある児童は 20 歳になる月までとなっている。

③特別児童扶養手当：精神又は身体に障害を有する児童について手当を支給することにより、これらの児童の福祉の増進を図ることを目的としている。支給要件は、20 歳未満で精神又は身体に障害を有する児童を家庭で監護、養育している父母等に支給される、となっている。

＜参考文献＞

小宅理沙「子どもの権利ってどういうこと」流石智子監修・浦田雅夫編
　『知識を活かし実力をつける　子ども家庭福祉』保育出版社、2013 年

小宅理沙「子育て支援にサービスの課題」
　井村圭壯・今井慶宗編『現代の保育と家庭支援論』学文社、2015 年

山崎由美子『告発　児童相談所が子供を殺す』文藝春秋、2016 年

安道理『走れ！児童相談所 発達障害児童虐待、非行と向き合う、新人所員の成長物語』
　メディアイランド、2016 年

厚生労働省 HP　http://www.mhlw.go.jp/

第7章	高齢者福祉 －高齢者の生活と介護－

Ⅰ 高齢化とその状況

1 急速に進む高齢化

　わが国の総人口は 2016（平成 28）年 1 月 1 日現在で 1 億 2,704 万人である。そのうち 65 歳以上の人口は 3,409 万人であり、高齢化率は 26.8％に達している[1]。これは日本人の 4 人に 1 人が 65 歳以上の高齢者であるという割合である。男女別にみると、男性は 14,748 千人（男性人口の 23.9％）女性は 19,347 千人（女性人口の 29.6％）と女性が男性より 4,599 千人多くなっている。年齢階級別にみると 75 歳以上が 16,514 千人（人口の 13.0％）、85 歳以上が 5,066 千人（人口の 4％）となっている。ヨーロッパの国では、オランダの人口が 1,700 万人である[2]。わが国の高齢者数が、一つの国に匹敵するほどの人口規模になっていることがわかる。

　つぎに 2012（平成 24）年の国立社会保障・人口問題研究所の発表によれば、高齢者人口は団塊の世代が 75 歳以上となる 2025（平成 37）年には 3,657 万人に達すると見込まれている。それに伴い、認知症や寝たきりといった要介護高齢者も増加することが予測されている。

2 高齢者の健康と不安

（1）高齢者の健康状態

　私たちの人生の中で、ふとした時に生活不安を感じることがある。例えば年をと

※以下全ての URL の確認日は 2016 年 9 月 11 日。

1）総務省統計局人口推計　http://www.stat.go.jp/data/jinsui/pdf/201606.pdf

2）外務省 HP　http://www.mofa.go.jp/mofaj/area/greece/data.html

ってから大きなけがや病気になってしまった時の健康不安などである。内閣府が発表した「平成28年版高齢社会白書[3]」によれば、65歳以上の高齢者の健康状態について、有訴者率（入院者を除き人口千人あたりのここ数日、病気やけが等で自覚症状のある者の数）は466.1と半数近くの人に何らかの自覚症状（有訴者）があることがわかる。これを年齢階層別男女別にみてみると、加齢に伴い上昇し、女性が男性を上回っている。つぎに、同白書によれば、全体の約4分の1の人が日常生活動作に影響があると回答している。平成26年国民生活基礎調査の[4]、性・年齢階級別にみた主な悩みやストレスの原因（複数回答）の割合（12歳以上）によると、自分の病気や介護をストレスの原因としてあげる者の割合が、年齢を経るに従って男女ともに増加の傾向にある。高齢者にとっては、病気や介護といった話題が関心事となることに加え、通院することが日常生活の一部になっている。そのほかに、加齢が健康に及ぼす日常生活への影響についてみてみると、「起床、衣服着脱、食事、入浴などの日常生活動作」を挙げたのが人口千人あたり119.3である。ついで「外出」の118.4となっている。

（2）日本人の死亡原因

　日本人の死亡原因の第1位は悪性新生物、2位は心疾患、3位は肺炎の順となっている[5]。これら3疾患による死亡者数は全死亡者数の53%を占めている。私たちは年齢を重ねるにしたがって、これらの病気に立ち向かわなければいけなくなってくる。高齢期になると健康状態に対する不安や病気や障害を抱えながらの通院が生活の一部となる人が多くなってくるということである。

（3）経済的不安

　病気は、精神的不安だけでなく、経済的不安も生む。たとえば、第1位の悪性新生物の例で胃がんの場合、治療費は手術前と術中、術後までを含めた周術期にかかる費用はＩ期ステージの定型手術（3分の2以上切除）で約169万円である[6]。会計窓口では3割を負担するので50万7千円になる。治療費が一定額を超えると高額療養費制度があるため実際の負担額は約8万9千円ほどになる。たとえ還付されるとはいえ50万もの大金を支払うのは大変である。限度額適用認定証を事前に用意しておけば8万9千円ほどの支払いで済む。このような制度があることを高齢患者に

3）平成28年版高齢社会白書（全体版）（PDF形式）高齢化の現状と将来像
　http://www8.cao.go.jp/kourei/whitepaper/w-2016/zenbun/pdf/1s1s_1.pdf
4）厚生労働省HP http://www.mhlw.go.jp/
5）厚生労働省平成27年（2015）人口動態統計の年間推計
　http://www.mhlw.go.jp/toukei/saikin/hw/jinkou/suikei15/dl/2015suikei.pdf
6）NPO法人 Team NET「がん治療費.com」　http://www.ganchiryohi.com/expense.php?number=115

第7章　高齢者福祉　－高齢者の生活と介護－

伝え、ソーシャルワーカーに引き継ぐことができれば、安心して病気療養に専念できることになる。

　60歳以上では「家計にゆとりがあり、まったく心配なく暮らしている」が18.0%、「家計にあまりゆとりはないが、それほど心配なく暮らしている」が53.0%となっており、両方を合わせた『心配はない（計）』が71.0%となっている。一方で「家計にゆとりがなく、多少心配である」は21.7%、「家計が苦しく、非常に心配である」が6.6%となっており、両方を合わせた『心配である（計）』は28.3%となっている。

　同調査による「（夫婦の）収入額のなかで、公的年金（国民年金、厚生年金、公務員共済年金、労災年金、恩給など）はどの程度の割合を占めているか」尋ねてみた結果、60歳以上で公的年金のみの人が52.6%と最も高い。その他の収入がある人も入れた全体の平均では、収入の74%が年金となっている。つまり、60歳以上では、半数以上の人が収入の全てを公的年金に頼っていると答えている。[7]

（4）世帯の状況

　「国民生活基礎調査」でみてみると、65歳以上の者のいる世帯は2,357万2千世帯（全世帯の46.7%）である。そのうち「夫婦のみの世帯」が724万2千世帯（65歳以上の者のいる世帯の30.7%）で最も多く、ついで「単独世帯」が595万9千世帯（同25.3%）、「親と未婚の子のみの世帯」が474万3千世帯（同20.1%）となっている。つぎに65歳以上の者のいる世帯のうち、高齢者世帯の世帯構造をみると、「単独世帯」が男は32.0%、女は68.0%となっている。

子や孫に囲まれて暮らす、わが国高齢者の伝統的な姿が消えていく状況にあり、身近な家族からの援助が受けられない高齢者の増加とさらなる人口の高齢化により、社会全体の高齢者福祉ニーズは増大している。

3　高齢者の生活

（1）生きがいの喪失

　わが国の伝統的な社会集団である家庭が機能を果たすことが難しくなってきて久しい。高齢者となってから後は、職業からの引退により家庭が生活の中心となる。一方で子供は既に独立し離れて暮らしていたり、帰省の折にながめる孫の成長を楽しみにするくらいとなり、かつての大黒柱として活躍していた頃の家庭の姿とは違ってくる。このような形を取りながら、高齢期には人生の目標や生きがいの喪失といった問題に直面することが多くなってくる。

7）内閣府　平成23年高齢者の経済生活に関する意識調査
　http://www8.cao.go.jp/kourei/ishiki/h23/sougou/zentai/pdf/2-1.pdf

（2）高齢者の余暇活動

　「社会生活基本調査」（平成23年[8]）から主な余暇活動についてみてみると、休養等自由時間活動のうちテレビ・ラジオ・新聞・雑誌の時間について、過去25年間の推移は50歳以上では増加傾向となっている。つぎに交際・付き合いの時間は19分で、男性は18分、女性は20分となって減少傾向となっている。加えて過去10年間の推移をみると、全ての年齢階級でおおむね減少傾向となっていた。高齢者の生活時間の特徴は、テレビ・ラジオ・新聞・雑誌によって、日常の生活リズムを刻んでいるということがわかる。

Ⅱ　高齢者介護の状況

1　要介護者数

　第1号被保険者数は、3,391万人（平成28年5月[9]）である。要介護（支援）認定者数は622.3万人で、そのうち男性は192.7万人で、女性は429.5万人である。第1号被保険者に対する65歳以上の認定者数割合は、約18.0％となっている。

　つぎに、65〜74歳と75歳以上の被保険者について、それぞれ要支援、要介護の認定を受けた人の割合をみると、65〜74歳で要支援の認定を受けた人は1.4％、要介護の認定を受けた人が3.0％であるのに対して、75歳以上では要支援の認定を受けた人は8.4％、要介護の認定を受けた人は23.0％であった。75歳以上では要介護の認定を受けた人の割合が増加している。

　介護サービスを受給した65歳以上の被保険者は、2015（平成27）年1月審査分で488.4万人となっており、男女比でみると男性が29.2％、女性が70.8％となっている。さらに、介護サービスの利用実態をみると、要介護1〜3の人は居宅サービスの利用が多いことがわかる。一方、重度（要介護5）の人は施設サービス利用が約半数となっている。

　65歳以上の要介護者等について、介護が必要になった主な原因についてみてみると、「脳血管疾患」が17.2％と最も多く、次いで、「認知症」16.4％、「高齢による衰弱」13.9％、「骨折・転倒」12.2％の順となっている。男性の場合、「脳血管疾患」が26.3％と特に多いことが特徴である。

　介護が必要になった場合の費用負担について、内閣府によれば60歳以上の人の回

8）平成23年社会生活基本調査結果（総務省統計局）
　http://www.stat.go.jp/data/shakai/2011/pdf/houdou2.pdf
9）厚生労働省介護保険事業状況報告の概要（平成28年5月暫定版）
　http://www.mhlw.go.jp/topics/kaigo/osirase/jigyo/m16/dl/1605a.pdf

第7章　高齢者福祉　－高齢者の生活と介護－

答は、「特に用意しなくても年金等の収入でまかなうことができると思う」が42.3％、「その場合に必要なだけの貯蓄は用意していると思う」が20.3％、「子どもからの経済的な援助を受けることになると思う」が9.9％、「貯蓄だけでは足りないが、自宅などの不動産を担保にお金を借りてまかなうことになると思う」が7.7％、「資産の売却等で賄うことになると思う」が7.4％となっている。

2　認知症の介護

　社会問題になりつつあるのが、認知症高齢者の増加である。家族としては、元気だった頃の祖父母を知っているだけに「自分の祖父母はまだまだ元気」と思っていたい。しかし、久しぶりに帰省した際、田舎の祖父母の様子が変だと感じ、不思議な言動を目にすると不安になる。祖父母の家に、飴やカステラなど食べていない食品があるのに買い物のたびにまた新たに買い込んでしまう。棚には、トイレットペーパーが山と積んであるのに、同じものをいくつも買いこみ、在庫を増やしてしまう行為は認知症の初期段階かもしれない。そのような状況を目にしてしまうと、家から出かけるたびに付き添わないと心配な気持ちになる。地域で暮らす認知症の人への対策が、オレンジプランと呼ばれる認知症施策推進5か年計画である。

　2015（平成27）年1月に「認知症施策推進総合戦略～認知症高齢者等にやさしい地域づくりに向けて～（新オレンジプラン）」が関係省庁と共同で策定された。この計画は、いわゆる団塊の世代が75歳以上となる2025（平成37年）を目指し、認知症の人の意思が尊重され、できる限り住み慣れた地域のよい環境で、自分らしく暮らし続けることができる社会を実現するため、7つの柱に沿って、認知症施策を総合的に推進していくとするものである。前プランから目標数値などが引き上げられている。この中には、認知症ケアパスの作成や普及を平成29年度末等を当面の目標年度として、施策ごとの具体的な数値目標などを定めて実践されている。①認知症への理解を深めるための普及・啓発の推進、②認知症の容態に応じた適時・適切な医療・介護等の提供、③若年性認知症施策の強化、④認知症の人の介護者への支援、⑤認知症の人を含む高齢者にやさしい地域づくりの推進、⑥認知症の予防法、診断法、治療法、リハビリテーションモデル、介護モデル等の研究開発及びその成果の普及の推進、⑦認知症の人やその家族の視点の重視、の7つの柱に沿って施策を推進している。

　このプランの中では認知症初期集中支援チームや認知症地域支援推進員が、地域包括支援センターに配置されている。認知症初期集中支援チームは、認知症サポート医と医療系職員の看護師等と、介護系職員として介護福祉士らからなる混成チームを編成し、認知症とその家族のもとへ出かける。アセスメントや本人や家族へのサポート等の支援を行うものである。専門職が早期に対処することで本人や家族の混乱を鎮め、不安の解消とその後のケアとの連携を図るものである。

3　老老介護

　要介護者からみた主な介護者の続柄は、6割以上が同居している人が介護者となっている。その主な内訳は、配偶者、子、子の配偶者となっている。性別では女性が多くなっている。要介護者と同居している介護者の年齢は、男女共に60歳以上が多く、「老老介護」になっている状況がみられる。介護サービスを利用して暮らす夫婦や親子の老老介護は、地域で暮らす高齢者にとって特別なものではなくなったといえる。暮らしを継続していくには、介護も大変だが家事も大変な仕事になり得る。特に、これまで配偶者に家事一切をお願いしてきた男性にとっては、経験がないものに取り組むという点でも大変なものである。外で働くことには慣れていても、家事は複合的でどんな体調の時でもコツコツと続けていかなければならない。家族介護者の家事援助は、介護保険では制限されているため、体力と気力が思いのほか必要なため、特に経験のない男性には、入浴や排泄、食事の介護より困難さが付きまとうことがある。

4　介護を受けたい場所

　平成27年版高齢社会白書によれば「介護が必要になった場合に、どこで介護を受けたいか」については、男女とも「自宅」が最も多い。男性は42.2％、女性は30.2％と、男性は自宅での介護を希望する割合が高い結果となっている。自宅以外では、「介護老人福祉施設」（男性18.3％、女性19.1％）、「病院などの医療機関」（男性16.7％、女性23.1％）、「介護老人保健施設」（男性11.3％、女性11.2％）の順となっている。つぎに、最期を迎えたい場所について尋ねてみると、「自宅」が54.6％で最も多く、ついで「病院などの医療施設」が27.7％となっている。

5　介護福祉の対象者

　介護福祉の対象となるのは、日常生活が自らの力では不充分で困難な状況にある人である。中でも、身体介護といわれる、食事、排せつ、入浴などの介護を必要とする高齢者や障がい者、障がい児がその対象となる。

　高齢者は、一般に身体的な予備力が低下しているため、病気や環境の変化に対して抵抗力が弱い。そうした回復力の鈍さは、身体や精神的機能を悪化させることが多く、身体の老化や認知症の一因となっている。そのため高齢者には、食事、排せつ、入浴などの介助が必要となることがある。また認知症高齢者に対しては、知的判断能力の低下に伴い、安全な日常生活が脅かされてくる。認知症高齢者には、日常生活を安全に暮らせるよう見守りや声かけなどのメンタル的な支援をしていく必要がある。そのほか、暮らしに必要な調理、掃除、洗濯などの家事援助にも、複雑な動作と体力が必

要であり、介護が必要な場面でもある。さらに社会のなかで生きがいをもち生活していくために、社会との交流も欠かせない。そのため、ガイドヘルプといった街中への外出支援も、生活の活性化としての生きがい活動に必要である。

　介護福祉の対象者に対する活動は、高齢者や児童、障がい者、医療、生活保護に関連する福祉施設や自宅を舞台に行われている。一例をあげれば、高齢者の施設で特別養護老人ホーム、老人保健施設、ケアハウス、有料老人ホームなどがあり、日中に通って利用する施設では、高齢者に関連したものでは、デイサービスやデイケアがある。そのほか、生活援助や身体介護などの福祉サービスを必要とする人の自宅で行う訪問介護がある。

6　介護福祉の視点

　介護が必要となるということは、単に身体的な面で自身が望むような生活への支障になるだけでなく、日常生活を他人に（妻等の近親者を含む）依存しなければならないということであり、高齢者や障がい者自身の自尊心や自己効力感を失わせることになり、その QOL を損なうことにつながる。

（1）自立を支援する

　この場合の自立は、"日常生活の行為を自分自身で行えたら自立"と判断するのではなく、判断し、決意し、行動することで自立とみる。介護の必要な人は、行動の部分が自分の力だけでは難しく、できないことも多い。介護においてはその判断を尊重し、支えていくこととなる。

（2）守秘義務を守る

　介護をするうえでは、介護の対象者の身近にいる必要がある。そのため様々な個人の秘密やプライバシーに接することになる。また人前で行いたくない排泄や入浴などの介護をゆだねることになるのである。あなただから、任せられるという信頼感が第一である。社会福祉士及び介護福祉士法には、第45条に「信用失墜行為の禁止」、第46条に「秘密保持義務」が明文化されている。

（3）尊厳を守る

　生活支援を伴なう介護福祉は、その対象者の生活習慣や価値観によって影響される部分が大きい。そうしたことから、認知症者や寝たきりの状態になったとしても人としての価値が変わらないことを認識し、対等な人間関係を築くことが重要である。そうした意識をもつことが、尊厳を守る介護につながる。

（4）家族を守る

　介護が必要になる状況は、配偶者や子どもをはじめとした近親者にも、精神的・肉体的・経済的負担を強いることになる。一般に、わが国は他人が家に入ることに関して寛容ではない。そうした家族の状況を考慮に入れたうえで、生活支援を進めていく必要がある。

　現在、わが国は核家族世帯が中心となり、三世代同居は少なく、平均的な世帯人員は 2.38 人[10]である。高齢者のいる世帯では、その多くが夫婦のみの世帯であるか、単独世帯となっている。

　こうしたことを背景として平均的な世帯人員が減少している中で、また都市への人口流入が進んでいることもあり、老親に対する扶養意識の変化があるとされている。

Ⅲ　在宅介護

　地域には、自立生活に困難な状況を抱える障がい者や介護を必要とする高齢者など、生活に支援を必要とする人びとがいる。多くの場合、自分自身に介護が必要な状況になっても、最期まで自立した日常生活を営み、住み慣れた地域や住まいで安心して暮らしたいと願っている

　そうした地域福祉の考え方は、70 年代以降新しいサービスの形として定着し、社会福祉の主流となっている。施設に入らなくても、高齢者自身の安心感が得られるのならば、住み慣れた土地が安住の地となり、高齢社会を地域全体で支えることができるといえる。

　人は家族とともに暮らし、人びとにとって家庭は心の拠り所となっている。家こそが生活の場である。そこでは、日々の暮らしが展開される。家族が病気になったり、障害をもった家族がいたとしても、家族の中に十分な家庭介護力があるならば、家族の一員として暮らしていくことが可能である。近年、そうした家族間の扶養が、少子高齢化などによる社会変動から家族介護の余力がなくなり、できなくなってきている現状がある。

　そうした状況を背景に、地域の中で、特に介護を必要とする高齢者が暮らしていくためには、ホームヘルプサービスやデイサービス、ショートステイなどの在宅福祉サービスが不可欠であり、福祉サービスが身近で利用できるよう存在している必要がある。

10）総務省平成 27 年度国勢調査　人口速報集計結果
　http://www.stat.go.jp/data/kokusei/2015/kekka/pdf/gaiyou.pdf

第7章　高齢者福祉　－高齢者の生活と介護－

　在宅福祉サービスは、1990（平成2）年の福祉関係八法改正により社会福祉事業法（現社会福祉法）に第二種社会福祉事業として位置づけられ、法的に明確にされた。このことは、施設収容から在宅福祉への大きな流れの転換でもあった。その後、2000（平成12）年の社会福祉基礎構造改革の一つとして「社会福祉の増進のための社会福祉事業法等の一部を改正する法律」が成立し、社会福祉事業法から社会福祉法へと改正された。これにより、措置制度から利用契約制度への転換、福祉サービスの質の向上と地域福祉の推進が打ち出されたのである。

在宅介護へ向けて

　在宅介護の難しさは、高齢者の個別性の尊重にある。それに加え在宅介護現場では、家族との関係、地域との関係も無視できない。高齢者を中心に、家族や地域の人びととの関係をどのように調整し、介護計画の中に入れていったらよいか、一人ひとりの生活に合わせた介護を選択し考慮しなければいけないところに在宅生活の困難さがある。さらに、現在のわが国の状況から在宅介護を考えたとき、住宅の問題とともに家族の存在を抜きにすることはできない。

　住宅建設の際には、できることなら高齢者の居住と在宅介護を念頭に、手すりなどのバリアフリーに対応した設計が望まれる。しかしながら多くの場合、住宅の建設時期は親や子どもが元気なうちに行われるため、老後の在宅介護まで見通し、高齢期にも住み続けられるようになっていないことのほうが多く、在宅介護の支障になっていることがある。

　高齢化に対応した住まいづくりとして、2001（平成13）年施行の「高齢者の居住の安定確保に関する法律」に基づく「高齢者の居住する住宅に係る設計指針」が出され、年を重ねても居住継続が可能となるための設計を促している。家族の問題としては、伝統的な日本の家族や地域社会の形が崩壊してきていることがあげられる。高齢者の扶養は家族の責任、という形でなされてきたが、そのケア機能が、高度成長期の地方から都市へ人口移動、そして少子高齢化などの社会変動によって、家族による介護の機能が果たせなくなってきたため、福祉の機能を保健医療と連携して高齢者の在宅介護を可能にし、高齢者の介護を社会的に分担する（介護の社会化）として、2000（平成12）年に介護保険制度が導入された。

　高齢者に対する介護サービスは、サービスをどこで利用するかによって三つの類型がある。自分の家で利用する居宅サービス、施設に入所して受ける施設サービス、地域で生活しながら利用する地域密着型サービスがある。地域密着型サービスは、主に認知症高齢者が、住み慣れた地域で生活を継続していくためのものである。2000（平成12）年の介護保険制度ができたときにはなかったサービスであるが、2005（平成

81

17）年の制度改正で生まれ、2012（平成24）年の改正で2種類のサービスが追加され、現在では8種類になっている。

＜参考文献＞

伊藤秀樹『社会福祉の理論と実践課題』大学図書出版、pp.91-104、2014年

社会福祉養成講座編集委員会『13 高齢者に対する支援と介護保険制度』
　中央法規 pp.41-55、pp.120-121、2015年

『平成27年4月介護保険改正のポイント』中央法規、pp.14-15、2015年

守本とも子『看護職をめざす人の社会保障と社会福祉』みらい、pp.158-160、2015年

第8章	障がい者福祉
	－差別・偏見の是正を求めて－

I　身体障害者福祉法から支援費制度までの変遷

1　身体障害者福祉法・知的障害者福祉法

　第二次世界大戦後の我が国の障害者福祉施策は、身体障害、知的障害、精神障害などと、障害種別ごとに展開されてきた。身体障がい者に関する法律は最も古く、1949（昭和24）年に身体障害者福祉法が制定された。戦前は傷痍軍人を優先とした施策があったが、1950（昭和25）年の憲法第25条の生存権の考え方を取り入れて、一般の障がい者を含んだ先述の法律ができた。しかし、身体障害者福祉法は、職業的「更生」を目的としており、この可能性が低い重度の障がい者は対象から除外されてしまった。また、知的障害、精神障害、内部障害も対象外とされた。

　1960（昭和35）年には、先述の知的障害を対象とした精神薄弱者福祉法（現・知的障害者福祉法）が制定された。背景には、18歳を過ぎた知的障がい児（加齢児）が児童施設を利用せざるをえないことや、親亡き後をどうするのかという「親の会」の運動もあり、成人のための知的障害（精神薄弱）者福祉法が制定されたのである。

2　施設設置促進とノーマライゼーション

　1960年代は、「親の会」が多く結成され、入所型福祉施の建設運動が行われた。作家の水上勉は『中央公論』（昭和63年6月号）誌上で「拝啓　池田総理大臣殿」として、重度障がい児の父親の立場から政府の無策を告発した。マスコミも、親による障がい児の殺害事件が起こるたびに、施設不足がもたらした悲劇だとして報じた。中島によれば、1979（昭和54）年まで障がい児は義務教育の適用除外だったため、成人であ

1）中島隆信『障害者の経済学』東洋経済、p96、2006年

るのに一度も外へ出たことのない障がい者もいたとさえ述べている。

　こうしたことを背景にして、1970年代には我が国でもコロニーと呼ばれる、障がい児・者の一貫した療育を可能とする巨大な自己完結型施設が、各都道府県において建設される。しかし、この時期には北欧やアメリカではノーマライゼーション理念のもと、すでに大規模収容施設が縮小・解体される時期であった。が、我が国では設立され続けた。この点について、相澤は、障がい者（児）を地域社会が受け入れなかったことが一因だと言う。そして、本人の死まで生活できるところは施設入所しかないと指摘している。[2]端的に述べると、地域社会には、彼らに対する偏見・差別があったからである。

3　国際障害者年とその影響

　心身障害者対策基本法が制定された1970年頃、我が国は高齢化社会（人口高齢化7％）へ突入して、高齢者介護の問題が浮上してきた。1973（昭和48）年は、「福祉元年」とも言われた。しかし、その年の秋にオイルショックが訪れ、低経済成長時代に入り、「福祉抑制」「福祉見直し」が叫ばれた時期でもあった。

　障がい者施策について、「完全参加と平等」をテーマにした1981（昭和56）年の国際障害者年と、これにつづく「国連・障害者の10年」（1983〜1992年）を契機に、ノーマライゼーションや、自立の理念に基づいた在宅施策と社会参加に重点が置かれることになる。そして、国連の採択した「障害者に関する世界行動計画」を受けて、我が国でも1982（昭和57）年に、「障害者対策に関する長期計画」が策定された。さらに、1993（平成5）年に、「障害者対策に関する新長期計画」を策定したのである。同年には、心身障害者対策基本法が障害者基本法と改正された。ここでは、対象となる障害の範囲に、精神障害がようやく位置づけられた。これを受けて、1995（平成7）年に精神保健法が改正されて、精神保健福祉法となった。つまり、これにより、はじめて、精神障害が国の障害者福祉施策の対象となったのである。

　さらに、同年、都道府県・市町村で障害者基本計画の策定を規定した。

2）相澤譲治・橋本好市編『シリーズ・福祉新時代を学ぶ　障害者福祉論―社会福祉士養成課程準拠―』みらい、p14、2007年

第 8 章　障がい者福祉　－差別・偏見の是正を求めて－

Ⅱ　支援費制度からの新たな展開

1　支援費制度

　2000（平成 12）年の社会福祉基礎構造改革以降、障がい者福祉施策は、従来の措置制度から、支援費制度として 2003（平成 15）年に成立した。同制度では精神障がい者は対象とされず、身体障害、知的障害のみを対象としていたが、利用者が事業者を選択できるようになるという部分においては、使い易い制度になったといえる。たとえば従来は、在宅系サービスは派遣時間が限られているなどの理由で使いづらい部分もあったが、同制度により、事業者を選択できるようになり、契約によりどの時間帯でも派遣が可能になった。これらのことは、障がい者が自分のニーズを表明できるようになったことを意味する。

　以上のような、障がい児・者の「自立」を支援するために、2006（平成 18）年に障害者自立支援法がスタートしたのである。

2　障害者自立支援法

　障害者自立支援法では、精神障害をも含んだ 3 障害を総合した各種のサービスが整備された。33 種類に上った既存の施設や事業の体系は、6 種類の日中活動と施設入所支援または居住支援に再編された。そしてさらに、就労支援が強化された。

　具体的にみると、ホームヘルプサービスは身体障害、知的障害と、障害種別ごとに整備されてきた。つまり、身体障害を対象とするホームヘルプサービス事業所では、身体障がい児・者しか利用できなかった。しかし、同法（現・障害者総合支援法）では、3 障害を対象とした居宅介護という事業が整備されている。さらに、直島は、自立して働きたい希望のある知的障がい者が、グループホームに入所して、夜間は共同生活援助サービスを利用し、昼間は「日中活動」の就労移行支援サービスなどを利用して自立に向けて生活しているとの例を挙げている。[3] つまり、昼と夜のサービスを分離できるようになったのである。

　そして、最後の就労支援であるが、社会就労センター協議会の実態調査によると、授産施設などを利用する障害者の平均在所期間は約 9.3 年となっている。[4] これでは、施設は訓練の場とは言い難い現状である。この現状を打破するために、就労支援を強化する事業が創設され、「訓練等給付」のなかに「就労移行支援」「就労継続支援（A 型・B 型）」という就労に重点を置いた事業をもうけた。

---

3) 2) に同じ。p 117。
4)『平成 18 年度社会就労センター実態調査報告書』pp.98-99、2007 年

3　障害者自立支援法の廃止

　障害者自立支援法がスタートして以来、大きな論点は利用者負担であった。これまでは、「応能負担」であったから、事実上大半の障害者は負担を免れていた。しかし、同法では、「応益負担」方式であったことで、「年金に依存する我々は、負担は耐えられない」などの批判が集中したのである。このため、障害者自立支援法に対する違憲訴訟が全国9つの裁判所において行われた。そして、2009（平成21）年9月、民主党を中心とする政権が誕生し、新政権は公約どおりに障害者自立支援法の廃止を「違憲訴訟団」に確約して、和解に至った。

　具体的には、「応益負担」制度と障害者自立支援法を廃止して、総合的な福祉制度を実施した。また、この過程で障害者基本法の改正や障害者差別禁止法の制定を明らかにしたのである。

4　障害者総合支援法

　障害者総合支援法は、2012（平成24）年に成立した。サービス利用の流れは、利用者は市町村に申請し、これまでの「障害程度区分」を改め「障害支援区分」として認定を受け、給付サービス内容と量を決定する。この「障害支援区分」は区分1から6に分かれており、80項目の聞き取り調査と医師の診断書により認定審査会が決定する。その後、サービス利用計画作成を行い、ケアマネジメントが行われる。このサービス利用計画は指定特定相談支援事業所のほかに、障がい者本人、家族などによる作成も可能である。

　さらに、同法では障害者自立支援法での在宅系、施設系サービスの2群分けから、介護給付の9種類のサービスに、訓練給付は「就労移行支援」「就労継続支援（A型・B型）」の4種類のサービスを含んだ給付内容による群分けに移行した。自立支援医療は、以前の、身体障害者福祉法、児童福祉法、精神保健福祉法に規定されていた医療給付を総合したものである。そして、地域生活支援事業は市町村地域生活支援事業と都道府県地域生活支援事業から成る。具体的な事業内容は、図8-1に示すとおりであり、その他の事業以外は必須事業となる。

第8章 障がい者福祉 －差別・偏見の是正を求めて－

市町村地域生活支援事業の一覧	都道府県地域生活支援事業の一覧
●相談支援事業 ●成年後見制度利用支援事業 ●コミュニケーション支援事業 ●日常生活用具給付等事業 ●移動支援事業 ●地域活動支援センター機能強化事業 ●その他の事業 （1）福祉ホーム事業 （2）盲人ホーム事業 （3）訪問入浴サービス事業 （4）身体障害者自立支援事業 （5）重度障害者在宅就労促進特別事業 　（バーチャル工房支援事業） （6）更生訓練費・施設入所者就職支度金給付事業 （7）知的障害者職親委託制度 （8）生活支援事業 （9）日中一時支援事業 （10）生活サポート事業 （11）社会参加促進事業 （12）地域移行のための安心生活支援事業 （13）成年後見制度普及啓発等事業 （14）障害児支援体制整備事業	●専門性の高い相談支援事業 （1）発達障害者支援センター運営事業 （2）高次脳機能障害支援普及事業 ●広域的な支援事業 （1）都道府県相談支援体制整備事業 ●サービス・相談支援者、指導者育成事業 （1）障害程度区分認定調査員等研修事業 （2）相談支援従事者研修事業 （3）サービス管理責任者研修事業 （4）居宅介護従事者等養成研修事業 （5）手話通訳者・要約筆記者養成研修事業 （6）盲ろう者通訳・介助員養成研修事業 （7）身体障害者・知的障害者相談員活動強化事業 （8）音声機能障害者発声訓練指導者養成事業 ●その他の事業 （1）福祉ホーム事業 （2）盲人ホーム事業 （3）重度障害者在宅就労促進特別事業 　（バーチャル工房支援事業） （4）重度障害者に係る市町村特別支援事業 （5）生活訓練等事業 （6）情報支援等事業 （7）障害者IT総合推進事業 （8）社会参加促進事業 （9）成年後見制度普及啓発等事業

図8-1　地域生活支援事業の内容

小澤温編『よくわかる障害者福祉』＜第5版＞ミネルヴァ書房、p142、2014年より筆者作成

5　障害者権利条約の批准と対応

　障害者権利条約は、2006（平成18）年に国連で採択された。これは子どもの権利条約などに次いで8番目の条約である。障がい者を「保護の対象」ではなく「権利の主体者」として位置づけたものである。それまでの条約と異なり、検討の過程に障がい者団体が加わり、当事者が議論をリードしてきたとの指摘もある。

　この条約は、前文と本文50条からなり、考え方として障がいも個性の1つだとするインクルージョンがあるのだ。我が国も2007（平成19）年9月に署名し、2014（平

成 26）年 1 月に条約批准した。国が条約に批准することは、そこでの決められた義務
を遂行していくことになり、国内法の改正などの必要性が生じる。

　具体的に言えば、2011（平成 23）年の障害者基本法のなかの、障害の定義におけ
る社会モデルの重視、差別禁止における合理的配慮などである。同年には、障害者虐
待防止法は議員立法として制定された。同法では、子ども・高齢者を対象にした虐待
防止法の虐待の定義をモデルにして、身体的虐待、心理的虐待、ネグレクト、性的虐
待、経済的虐待、を虐待としている。そして 4 年後の 2015（平成 27）年には、障害
者差別解消法が制定されたのである。

6　障害者差別解消法

　障害者差別解消法では、差別的取扱いの禁止と社会的な障壁を取り除くための配慮
を公的機関や民間事業者に求めている。

　たとえば、差別的取扱いには、障害があるという理由でアパートを貸さない、車い
すだからと入店を断るなどが障がい者差別の例としてあげられよう。

　そして配慮には、障がい者が列車を乗り降りする場合や駅構内を移動する場合には
鉄道会社の社員がサポートすることがあげられる。

　ただ、法に対する国民の理解は広まっていない。2016（平成 28）年 1 月に行われ
た民間調査では、「合理的な配慮」が義務付けられる小中学校の教員ですら「内容を含
めて知っている」は 16％にとどまり、「知らない」が 39％にのぼっている。国や地方
自治体は周知を徹底すべきである。

　とりわけ地域での取り組みは大切である。同法により、関係機関や有識者によるネッ
トワークとして、障害者差別解消支援地域協議会が地方自治体に早期に設置されるこ
とが望まれる。

Ⅲ　拡大する障がい者福祉時代の課題

　1946（昭和 21）年に日本国憲法が公布され社会権・生存権としての基本的人権の
考え方が明示され、戦前の傷痍軍人から一般の障がい者への福祉施策は国家による公
的な責任によりなされることになった。そして、第二次世界大戦以降、障害者福祉施
策の整備は拡大してきた。この点について、相馬は、2005 年と比較して 2013 年の障
害者福祉の国家予算は、2 倍以上となっており、持続可能な施策を考慮すると、一考
の余地はあると指摘している。

5）『京都新聞』2016 年 3 月 30 日朝刊「障害者差別解消法　共生社会への出発点に」
6）金子光一編『新版　社会福祉概論』建帛社、2014 年、p84

第8章　障がい者福祉　－差別・偏見の是正を求めて－

　さらに、Ⅱの6でも紹介した障害者差別解消法では、障がい者への差別を解消する責任は国や地方自治体にあるとされている。障害者支援施設などの建設の際に、地域住民からの反対を受けた場合、施設コンフリクトに対しては行政が積極的に介入していく姿勢が求められる。最後に、今年からスタートしている障害者差別解消法が社会に根強くある差別の現状を克服し、共に生きる社会の実現に向けた契機になることを期待したい。

＜参考文献＞

相澤讓治編『障害者福祉論』学文社、2005年

児島美都子・成清美治・村井龍治編『障害者福祉概論』学文社、1999年

竹端寛・山下幸子・尾崎剛志・圓山里子『障害者福祉』ミネルヴァ書房、2014年

第9章 # 社会福祉領域における専門機関

I　国の社会福祉行政機関

1　厚生労働省

　社会福祉の実施に責任をもつ国の行政機関は厚生労働省である。厚生労働省は、2001（平成13）年1月の中央省庁再編により、それまでの厚生省と労働省を廃止・統合して誕生した。つまり、2つの省庁の目的が一つになった組織である。厚生労働省設置法第3条第1項では、その任務を「国民生活の保障及び向上を図り、並びに経済の発展に寄与するため、社会福祉、社会保障及び公衆衛生の向上及び増進並びに労働条件その他の労働者の働く環境の整備及び職業の確保を図ること」と定めている。つまり、厚生労働省は、社会福祉や社会保障、公衆衛生や労働環境の改善、職業の安定などを統合的・一体的に推進していくことを組織の目的としている。

　厚生労働省の組織図は、図9-1に示す通りである。この組織図のうち、社会福祉行政と深い関わりがあるのは、「雇用均等・児童家庭局」「社会・援護局」「老健局」である。これら3つの局は、それぞれ以下のような社会福祉サービスを実施している。

　「雇用均等・児童家庭局」には、雇用均等政策課、家庭福祉課、保育課、母子保健課など8つの課があり、男女の雇用機会と待遇の均等化、職業生活と家庭生活の両立支援、様々な家庭を対象とした子育て支援、児童虐待防止法対策、母子家庭・寡婦の自立支援、児童の健全育成、児童手当・子ども手当などの対策を担当している。「社会・援護局」には、地域福祉課、福祉基盤課、援護課など7つの課があり、福祉事務所、福祉人材確保、ボランティアの基盤整理、生活保護制度の運営、ホームレス対策など、幅広い業務を行っている。また、「社会・援護局」の中にある「障害保健福祉部」では、ノーマライゼーションの理念のもと、障がい者の自己決定を重んじた障害者自立支援法に関わる業務などを行っている。「老健局」には、介護保険計画課、高齢者支援課、老人保健課など5つの課があり、超高齢化社会を見据えた介護保険、高齢者の健康づくり等に関する業

務を行っている。

2　審議会等

　厚生労働省には、それぞれの分野の政策について専門的な審議を行う審議会がある。旧厚生省時代には、厚生省の諮問機関として中央社会福祉審議会、身体障害者福祉審議会、中央児童福祉審議会など8つの審議会があったが、これらが統合され社会保障審議会となった。そして、社会保障審議会の中で、社会福祉分野の課題について議論する部会として、福祉部会が設置されている。

図9-1　厚生労働省 組織図
厚生労働省HP

第9章 社会福祉領域における専門機関

Ⅱ 地方公共団体の社会福祉行政機関

　地方自治法第1条の2において「地方公共団体は、住民の福祉の増進を図ることを基本として、地域における行政を自主的かつ総合的に実施する役割を広く担うものとする」と規定されている。つまり、それぞれの地方公共団体は、保健福祉局や民政局といったそれぞれ異なった名称を用いながら同様の部署を設け、社会福祉の実際の業務に当たっている。ここでは、都道府県や政令指定都市、市町村群に設置されている専門機関をいくつか挙げて解説する。

1　福祉事務所

　福祉事務所とは、社会福祉法第14条に規定されている「福祉に関する事務所」を指し、福祉六法（生活保護法、児童福祉法、母子及び父子並びに寡婦福祉法、老人福祉法、身体障害者福祉法及び知的障害者福祉法）に定める援護、育成または更正の措置に関する事務を司る第一線の社会福祉行政機関である。都道府県及び市（特別区を含む）は、設置が義務づけられており、町村は任意で設置することができる。
　1993年4月には、老人及び身体障害者福祉分野で、2003年4月には、知的障害者福祉分野で、それぞれ施設入所措置事務等が都道府県から町村へ委譲されたことから、都道府県福祉事務所では、従来の福祉六法から福祉三法（生活保護法、児童福祉法、母子及び寡婦福祉法）を所管することとなった。
　福祉事務所の設置状況については、表9-1に示す通りである。

表 9-1　福祉事務所設置数

設置主体	都道府県	市（特別区含む）	町村	計
箇所数	２０８	９９６	４３	１２４７

厚生労働省 HP

　また、福祉事務所には、社会福祉法第15条に基づいて、表9-2に示す職員が配置されている。

表 9-2　福祉事務所職員配置

所員等	職　務
①所の長	都道府県知事または市町村長（特別区の区長を含む）の指揮監督を受けて、所務を掌理する
②指揮監督を行う所員 　（社会福祉主事）	所の長の指揮監督を受けて、現業事務の指揮監督を司る

93

③現業を行う所員 （社会福祉主事）	所の長の指揮監督を受けて援護、育成または更正の措置を要する者等の家庭を訪問し、又は、訪問しないで、これらの者に面接し、本人の資産、環境等を調査し、保護その他の措置の必要性の有無及びその種類を判断し、本人に対し生活指導を行う等の事務を司る
④事務を行う所員	所の長の指揮監督を受けて、所の庶務を司る

厚生労働省ＨＰ

　この他、老人福祉の業務に従事する社会福祉主事、身体障害者福祉司、知的障害者福祉司などが配置されている福祉事務所もある。

　福祉事務所は、単独で全ての福祉サービスを提供するのではなく、住民の福祉に関する相談窓口として、他の専門機関との連携も重要な役割となっている。

2　児童相談所

　第6章でも触れたが、児童相談所とは、児童福祉法第12条に基づき各都道府県に設けられた児童福祉の専門機関である。全ての都道府県及び政令指定都市（2006年4月から中核市にも設置できるようになった）に最低1以上の児童相談所が設置されており、都道府県によっては、その規模や地理的状況に応じて、複数の児童相談所及びその支所を設置している。2015（平成27）年4月現在、全国に208か所の児童相談所が設置されており、そのうち一時保護所は135か所設置されている。

　児童相談所が果たす機能は、主に「相談機能」「一時保護機能」「措置機能」の3つである。「相談機能」とは、広く一般家庭、あるいは専門機関などから児童の福祉に関するあらゆる相談を受け、必要に応じて児童の家庭、地域状況、生活歴や発達、性格、行動等について専門的な角度から総合的に調査、診断、判定（総合診断）し、それに基づいて処遇方針を定め、自ら、または関係機関等を活用し、一貫した児童の処遇を行う機能である。「一時保護機能」とは、必要に応じて児童を家庭から放して一時保護する機能である。「措置機能」とは、児童またはその保護者を児童福祉司、児童委員、児童家庭支援センター等に指導させる、または、児童を児童福祉施設、指定国立療養所等に入所させる、または里親や保護受諾者に委託する等の機能である。

　この他、民法上の権限として、親権者が虐待等、子どもの福祉を損なう行為を行う場合には、親権者の親権喪失宣言の請求、後見人選任及び解任の請求を家庭裁判所に対して行うことができる。

　児童相談所の職員は、所長・児童心理司・児童福祉司等で構成されている。児童福祉司の主な職務は、保護を必要とする子ども等の家庭調査や個別指導である。1人あたりの担当区域は人口4万人から7万人であるが、児童虐待等の深刻なケースが増え

第9章　社会福祉領域における専門機関

ている現状から、地域の実状に応じて児童福祉司の増員が図られている。また、児童相談所は市町村との連携の下、関係機関とネットワークを組むことにより、児童虐待問題解決に迅速に対応することが期待されている。現在、電話番号の189番（語呂合わせ：いちはやく）は、児童相談所の全国共通ダイヤル（緊急通報電話番号）に設定されている。2015年7月1日より運用が開始され、24時間365日、児童虐待や子育ての相談を受け付けている。国民は、児童虐待を受けたと思われる児童を発見した際は、速やかに市町村、福祉事務所、または児童相談所のいずれかに通告しなければならないとされている。

　次に、児童相談所に寄せられる相談については、大別すると、①養護相談（保護者の病気・家出等による養育困難、棄児、被虐待児、養育放棄等、養育環境上問題のある児童に関する相談）、②保健相談（未熟児、虚弱児、小児喘息、その他の疾患等を有する児童に関する相談）、③障害相談（心身に障害がある児童に関する相談）、④非行相談（窃盗、傷害、放火等の触法行為、浮浪、乱暴等の問題行為のある児童に関する相談）、⑤育成相談（しつけ、性格行動、不登校、その他児童の育成上の問題に関する相談）、⑥その他、となる（表9-3）。

　この中で相談件数が最も多いのは、障害相談であり、全体の約半数を占めている。障害相談においては、療育手帳の交付に関わる判定のための相談がもっとも大きな割合を占めている。全体の相談件数としては減少傾向にあるが、そのような中、養護相談は被虐待児の問題が社会問題化するのと同調するように、2005年から毎年増加し続けている。

　児童相談の業務の流れについては、以下に示すとおりである。
①相談の受付：家庭、関係機関、地域住民等からの相談や通告を受け付けている。　受付方法は、面接、電話、文書など、様々な方法がとられている。

②調査・診断：児童相談所は児童福祉司らによる社会診断、児童心理司らによる心理診断、医師による医学診断、一時保護部門の児童指導員、保育士らによる行動診断をもとに協議して判定を行い、子どもの援助方針を作成する。

③援助：指針方針に基づいて、子ども、保護者、関係者等に対して、指導、措置の援助を行う。（②③については、図9-2参照）

表9-3 児童相談所で受け付ける相談の種類

①養護相談	1.	養護相談
②保健相談	2.	保健相談
③障害相談	3.	肢体不自由相談
	4.	視聴覚障害相談
	5.	言語発達障害等相談
	6.	重症心身障害相談
	7.	知的障害相談
	8.	自閉症等相談
④非行相談	9.	ぐ犯等相談
	10.	触法行為等相談
⑤育成相談	11.	性格行動相談
	12.	不登校相談
	13.	適性相談
	14.	育児・しつけ相談
⑥その他	15.	その他の相談

厚生労働省HP

援　　　助

1　在宅指導等
（1）措置によらない指導（第12条の2）
　　ア　助言指導
　　イ　継続指導
　　ウ　多機関あっせん

第9章　社会福祉領域における専門機関

（2）措置による指導
　　　ア　児童福祉司指導（第 26 条の 1 の II、第 27 条の 1 の II）
　　　イ　児童委員指導（第 20 条の 1 の II、第 27 条の 1 の I）
　　　ウ　児童家庭支援センター指導（第 26 条の 1 の II、第 27 条の 1 の II）
　　　エ　知的障害者福祉司、社会福祉主事指導（第 27 条の 1 の II）
（3）訓戒、誓約措置（第 27 条の 1 の I）
2　児童福祉施設入所措置（第 27 条の 1 の II）
　　指定医療機関委託（第 27 条の 2）
3　里親（第 27 条の 1 の III）
4　児童自立生活援助措置（第 27 条の 7）
5　福祉事務所送致、通知（第 26 条の 1 の III、第 63 条の 4、第 63 条の 5）
　　都道府県知事、市町村長報告、通知（第 26 条の 1 IV、V）
6　家庭裁判所送致（第 27 条の 1 の IV、第 27 条の 3）
7　家庭裁判所への家事審判の申立て
　　　ア　施設入所の承認（第 28 条の 1、2）
　　　イ　親権喪失宣言の請求（第 33 条の 6）
　　　ウ　後見人選任の請求（第 33 条の 7）
　　　エ　後見人解任の請求（第 33 条の 8）

（数字は児童福祉法の該当条項等）

図 9-2　児童相談所における相談援助活動の体系・展開

厚生労働省 HP

3　身体障害者更生相談所

　身体障害のある人が日常生活について相談する機関としては、主に 2 つある。1 つは、日常の身近な相談窓口として市町村福祉事務所や市町村の障害福祉担当課であり、もう 1 つは、より専門的な相談窓口としての身体障害者更生相談所である。身体障害者更生相談所は、身体障害者福祉法第 11 条の規定により設置されたものであり、都道府県・政令指定都市に義務設置され、身体障害のある人の福祉サービスは基本的に市町村単位で実施され、福祉事務所がサービスの窓口となっている。市町村福祉事務所には身体障害者福祉司や障害者福祉を担当する職員が配置されているが、サービス提供のために専門的な知識・指導を必要とする場合には、身体障害者更生相談所の助言・援助・指導を求めることになっている。この他、身体障害のある人が市町村等から委託を受ける身体障害者相談員の制度がある。同じく障害のある立場から、身体障害者の相談・援助に当たっている。
　身体障害者更生相談所には、身体障害者福祉司の他にも、医師・心理判定員・作業療法士・理学療法士などの専門職員が配置されており、障害者に適切なサービスを実

施するための相談・判定にあたっている。また、来所が困難な場合は市町関係機関などと連携し、出張による相談にも応じている。主な業務は、表9-4に示す通りである。

表9-4　身体障害者更生相談所の業務種別とその内容

業務種別	業務内容
①専門的相談指導	市町が行う身体障害者の相談及び指導のうち、専門的な知識及び技術を必要とするもの
ア　生活相談	身体障害者が、自活する上で利用可能な福祉制度等に関する相談
イ　身体障害者手帳の相談	新規受付や等級変更に係る相談
ウ　手当等の相談	特別障害者手当、障害年金等に関する相談
②判定	
ア　自立支援医療（更生医療）の判定	更生のための医療費支給に関し、市町がその適否について専門的な判定を依頼してきた場合に実施
イ　補装具費支給の判定	更生のための補装具費支給に関し、市町がその適否について専門的な判定を依頼してきた場合、及び支給した補装具の適合状態について判定依頼してきた場合に実施
ウ　支援費制度、介護給付に係わる判定	市町が支給費制度による施設支援支給または居宅支援支給を決定する際に、その支給の種類・量や障害程度区分などの決定が困難で、専門的な判定を依頼してきた場合に実施
③巡回相談	来所が困難な身体障害者のために、市長の依頼により、巡回して医学的見地から手帳・補装具等の相談を行うとともに、更生に必要な専門的な相談に応じる
④市町・関係施設等との連絡調整等	市町・関係機関との情報交換。 市町職員等に対する研修及び技術的支援。

厚生労働省HP

第9章　社会福祉領域における専門機関

4　知的障害者更生相談所

　知的障がい者の日常生活を支えるサービスを提供するのは市町村福祉事務所だが、その職業能力の判定等については、知的障害者更生相談所（知的障害者福祉法第12条に基づく）が担当している。都道府県、政令指定都市に義務設置されており、この他、知的障がい児・者の保護者などが市町村等から委託を受ける知的障害者相談員の制度もある。知的障害のある子どもを育てた経験を生かして、知的障がい者やその保護者の相談・援助にあたっている。

　知的障害者更生相談所の業務は、以下の通りである。
①知的障害者に関する問題について、家庭その他からの相談に応じること。
② 18歳以上の知的障害者の医学的・心理的・職能的判定を行い必要な指導を行うこと。
③市町村に置かれている知的障害者福祉司に対して技術的指導を行うこと。

　判定が必要となるのは、療育手帳の交付や交付後に障害程度の確認を受ける時、施設サービスを利用する時、職業の適正について判断が必要な時、などである。

　職員は医師、心理判定員、職能判定員、知的障害者福祉司等である。知的障害者更生相談所では、来所相談の他に、巡回相談、訪問相談も行っている。

　知的障害者更生相談所の基本的なあり方として、ノーマライゼーションの理念を踏まえ、知的障がい者が地域社会の一員として、その人らしく質の高い生活を送るためには、地域生活支援のためのサービスの質的・量的整備を図るとともに、支援体制を構築していくことが重要である。

　知的障害者更生相談所においては、専門性の確保や体制の整備を行うとともに、関係機関との連携を図り、地域のネットワーク化を推進することが重要とされている。

Ⅲ　その他の社会福祉行政機関

1　社会福祉協議会

　社会福祉協議会（以下、社協と記載する）とは、社会福祉活動の推進を目的とした社会福祉法人格をもった民間の福祉団体である。1951年に制定された社会福祉事業法（現在の「社会福祉法」（109条））に基づき設置されている。東京都に所在する全国社会福祉協議会をはじめとして、全国の都道府県や市町村および政令指定都市内の各地にあり、その他、市区町村内の地区や学区などの小地域にも未法人の社協（もしくは福祉委員会など）が必要に応じて組織されている。

　日常的に地域住民と関わる活動を行うのは市区町村社協であり、その主な活動内容には、地域福祉の増進を図ることを目的とする事業の調査、企画、調整、助成、普及宣伝、社会福祉に関する住民参加の援助などがある。一方、都道府県社協は、広域的な見地

99

に立った事業や市区町村社協の相互の連絡調整といった業務を行っている（具体的な業務内容については表9-5参照）。

表9-5　社会福祉協議会の取り組みについて

全国社会福祉協議会	都道府県社会福祉協議会	市町村社会福祉協議会
・全国の福祉関係者や福祉施設等の連絡、調整 ・様々な社会福祉に関する制度改善 ・社会福祉に関する図書、雑誌の刊行 ・福祉に係わる人材の養成、研修 ・アジア各国の社会福祉への支援	・「日常生活自立支援事業」の実施。（市区町村社協と連携）対象：認知症、知的障害、精神障害 ・福祉サービスに関する相談、苦情受付 ・「運営適正化委員会」の設置 ・「福祉サービスの第三者評価事業」への積極的な取り組み ・生活福祉賃金の低利貸付 ・福祉関係社に対する専門的な研修事業の実施 ・ボランティア活動の振興 ・小中高校における福祉教育の推進 ・「福祉人材センター」事業	・高齢者、障害者の在宅生活支援（ホームヘルプサービス、配食サービス） ・地域ボランティアとの協働事業（「サロン活動」） ・「ボランティアセンター」事業（ボランティア活動に関する相談、斡旋。小中高校における福祉教育支援） ・地域における社会資源とのネットワークづくり

全国社会福祉協議会ＨＰより筆者作成

　市区町村社協の財政は、福祉サービス事業の受託に関する委託金が多くを占め、続いて行政からの補助金となっている。その他には、共同募金・寄付金・会費、各種の基金収入などがある。
　続いて社協の組織であるが、地域の住民組織と公私の社会福祉事業関係者などが構成員となっている。都道府県社協と政令指定都市社協においては、範域内にある市町村社協や区社協の過半数、これに社会福祉事業または更生保護事業を経営する者の過半数が参加することを原則としている。市区町村社協においても、その区域内の社会福祉事業または更生保護事業を経営する者の過半数の参加を定めている。また関係行政庁の職員は、市区町村社協の役割を担うことができるが、役員総数の5分の1を超えてはならないとしている。こうした規則がある一方で、行政の首長が役員である社協会長を兼ねている自治体も少なくないため、純粋な民間団体としての性格を損ねているという批判も受けている。『新・社協基本要項』では、上記の構成員を基礎とした理事会・評議員会を構成して社協の運営にあたることを定めている。さらに市区町村

第9章　社会福祉領域における専門機関

社協に対しては、部会・運営委員会・連絡会・問題別委員会などを設置して、事業の推進を図ることを示している。市区町村社協の事務局には、事務局長を筆頭に福祉活動専門委員や専任職員などの職員が配置されている。なかでも福祉活動専門職員には、コミュニティーワーカーとしての専門性が求められている。

2　社会福祉法人

社会福祉法人は、社会福祉法（第22条）において「社会福祉事業を行うことを目的として、この法律の定めるところにより設立された法人」と位置づけられている。社会福祉法人を設立するためには、必要事項を取り決めた上で、厚生労働省から認可を受ける必要がある（第31条）。所轄庁は都道府県知事であり、2つ以上の都道府県で事業を行う場合には厚生労働大臣となる。

社会福祉事業とは、社会福祉を目的とする事業のうち、規制と助成を通じて公明かつ適正な実施の確保が図られなければならないものとして、法律上に以下のことが列挙されている。
・経営主体等の規制がある。
・都道府県知事等による指導監督がある。
・第1種社会福祉事業と第2種社会福祉事業に分類されている。

表9-6　社会福祉事業の分類について

第1者社会福祉事業	第2者社会福祉事業
利用者への影響が大きいため、経営安定を通じた利用者保護の必要性が高い事業 （主として入所施設サービス）	比較的利用者への影響が小さいため、公的規制の必要性が低い事業 （主として在宅サービス）
＜例＞ ・障害者支援施設、重症心身障害児施設、養護老人ホームなどの経営	＜例＞ ・保育所の経営、ホームヘルプ、デイサービス、相談事業

厚生労働省 HP

社会福祉法人は、社会福祉事業の他、「公益事業」「収益事業」を行うことができる。「公益事業」とは、社会福祉と関係のある公益を目的とする事業であり、公益事業の余剰金は、社会福祉事業、または公益事業に充てなければならない。例えば、介護老人保健施設の経営や有料老人ホームの経営などがこれに該当する。「収益事業」とは、その収益を社会福祉事業、または一定の公益事業に充てることを目的とする事業である。

101

例えば、貸しビルや駐車場の経営などがこれに該当する。

　社会福祉法人が法に示されるようになって、約60年が経過した。その間、多くの社会福祉法人が、利用者の尊厳を守り、生活を保障するためのサービスを提供してきた。かつては、措置制度のなかで社会福祉事業を経営する者が積極的に質の高いサービスを提供するという気風は生まれにくい状況だった。しかし、社会福祉法が制定されることで、経営の透明性を確保するために第三者サービス評価委員会などが導入されサービスの提供に変化が出てきた。これからも、サービス提供において中心的な役割を担う社会福祉法人は、よりよいサービスの提供主体としての役割を期待されている。

Ⅳ　社会福祉領域機関における今後の課題

　これまで公的な福祉サービスは、高齢や障害といった対象者ごとに制度が整備され、質、量ともに充実が図られてきたが、近年、地域では公的なサービスだけでは対応できない多様な生活課題が生まれている。例えば高齢化に伴い要介護の親と障害児が同居しているなど、複合的な課題を抱える世帯が増加し、そのような家庭に対して公的福祉サービスが総合的に提供されていないといった問題が生じているのである。一方、住民の福祉活動を通じた自己実現ニーズは高まっており、要援護者の見守りなど住民参加の下、多様な活動が行われるようになってきている。

　このようなことを背景として、2007（平成19）年10月、「これからの地域福祉のあり方に関する研究会」が開催され、2008（平成20）年3月に報告書「地域における『新たな支え合い』を求めて―住民と行政の協働による新しい福祉―」が取りまとめられた。厚生労働省としては、行政と地域の様々な社会資源とが協働し、住民誰もが安心して日常生活を営むことができる地域作りに取り組んでいるところである。この事を踏まえ、それぞれの専門機関が独立したものではなく、常に横とつながり、さらには、専門機関のみならず地域の様々な社会資源とも連携を取り、よりスムーズな社会福祉サービスが展開されることが今後望まれる。

第9章　社会福祉領域における専門機関

＜参考文献＞

厚生労働省『平成 27 年版 厚生労働白書』

野﨑和義監修・ミネルヴァ書房編集部編『平成 28 年度版 ミネルヴァ社会福祉六法 』
　　ミネルヴァ書房、2016 年

小野澤昇・田中利則・大塚良一編『子どもの生活を支える 社会的養護』ミネルヴァ書房、2013 年

栃本一三郎編『新しい視点で学ぶ 社会福祉 保育士を志す人のために』光生館、2007 年

山縣文治・岡田忠克編『よくわかる社会福祉 第 10 版』ミネルヴァ書房、2015 年

| 第10章 | 社会福祉領域における専門職 |

Ⅰ　社会福祉事業従事者の概況

　近年、社会福祉制度・政策の見直しや拡充に伴い、社会福祉事業従事者（社会福祉業務に従事する者）の数は急速に増加している。これら従事者の量的確保及び資質の向上は、欠かすことのできない重要な課題となっている。社会福祉事業従事者の具体的な職種は、社会福祉施設職員、ホームヘルパー・訪問介護員、福祉事務所や児童相談所などの社会福祉行政の専門機関職員、社会福祉協議会の職員などである。ここでは、社会福祉施設職員、社会福祉行政の専門機関職員、社会福祉協議会の職員について詳しく述べていく。

1　社会福祉施設職員

　社会福祉事業従事者は、社会福祉施設職員が最も多く、全体の約4分の3を占めており、このことからも、社会福祉の代表的な職場は社会福祉施設であるといえるであろう。日本の社会福祉制度は、老人、児童、身体障がい者、知的障がい者等、というように対象者ごとに分かれており、社会福祉施設はそれぞれの対象者の法律に基づいて設置されている。その種類については、表10-1に示すとおりである。

　各施設には、それぞれの機能に応じて、多様な職種・職名のスタッフが配置されている。その主なものは、介護や保育などのケアサービスを提供する職種、利用者への相談・援助を業務とする職種、保健・医療系の職種、施設の運営を支える職種に分けられており、具体的な施設名と職種名と従事者数は、表10-2に示すとおりである。

表 10-1　社会福祉施設の種類

1. 保護施設
　　救護施設、更生施設、医療保護施設、授産施設、宿所提供施設

2. 老人福祉施設
　　養護老人ホーム、養護老人ホーム（一般）、養護老人ホーム（盲）、軽費老人ホーム、 軽費老人ホーム A 型、軽費老人ホーム B 型、軽費老人ホーム（ケアハウス）、都　市型軽費老人ホーム、老人福祉センター、老人福祉センター（特 A 型）、老人福　祉センター（A 型）、老人福祉センター（B 型）、老人介護支援センター

3. 障害者支援施設等
　　障害者支援施設、地域活動支援センター、福祉ホーム

4. 旧身体障害者福祉法による身体障害者更生援護施設
　　肢体不自由者更生施設、視覚障害者更生施設、聴覚・言語障害者更生施設、内　部障害者更生施設、身体障害者療護施設、身体障害者入所授産施設 、身体障害　者通所授産施設、身体障害者小規模通所授産施設、身体障害者福祉工場

5. 旧知的障害者福祉法による知的障害者援護施設
　　知的障害者入所更生施設、知的障害者通所更生施設、知的障害者入所授産施設、 知的障害者通所授産施設、知的障害者小規模通所授産施設、知的障害者通勤寮、 知的障害者福祉工場

6. 旧精神保健及び精神障害者福祉に関する法律による精神障害者社会復帰施設
　　精神障害者生活訓練施設、精神障害者福祉ホーム、精神障害者福祉ホーム（B 型）、 精神障害者授産施設（入所）、精神障害者授産施設（通所）、精神障害者小規模　通所授産施設、精神障害者福祉工場

7. 身体障害者社会参加支援施設
　　身体障害者福祉センター、身体障害者福祉センター（A 型）、身体障害者福祉センター（B 型）、障害者更生センター、補装具製作施設、盲導犬訓練施設、点字　図書館、点字出版施設、聴覚障害者情報提供施設

8. 婦人保護施設

9. 児童福祉施設
　　助産施設、乳児院、母子生活支援施設、保育所、児童養護施設、障害児入所施設（福祉型）、障害児入所施設（医療型）、児童発達支援センター（福祉型）、児童発達支援センター（医療型）、知的障害児施設、自閉症児施設、知的障害児通園施設、盲児施設、ろうあ児施設、難聴幼児通園施設、肢体不自由児施設、肢体不自由児通園施設、肢体不自由児療護施設、重症心身障害児施設、情緒障害児短期治療施設、児童自立支援施設、児童家庭支援センター、児童館（小型児童館、児童センター、大型児童館 A 型、大型児童館 B 型、大型児童館 C 型、その他の児童館）児童遊園

第 10 章　社会福祉領域における専門職

10. 母子福祉施設

　　母子福祉センター、母子休養ホーム

11. その他の社会福祉施設等

　　授産施設、宿所提供施設、盲人ホーム無料低額診療施設、隣保館、へき地保健福祉館、へき地保育所、地域福祉センター、老人憩の家、老人休養ホーム、有料老人ホーム（サービス付き高齢者向け住宅以外）有料老人ホーム（サービス付き高齢者向け住宅であるもの）

厚生労働省 HP より筆者作成

表 10-2　施設の種類別にみた職種別常勤換算従事者数

	総数	保護施設	老人福祉施設	障害者支援施設等	身体障害者社会参加支援施設	婦人保護施設	児童福祉施設（保育所を除く）	保育所	母子福祉施設	その他の社会福祉施設等（有料老人ホーム（サービス付き高齢者向け住宅以外）を除く）	有料老人ホーム（サービス付き高齢者向け住宅以外）
総数	878 413	6 055	43 146	100 065	2 598	385	78 006	492 788	174	5 219	134 043
施設長	42 574	206	3 215	3 834	212	27	4 474	22 529	23	1 193	5 715
サービス管理責任者	4 074	…	…	4 074	…	…	…	…	…	…	…
生活指導・支援員等	81 080	707	4 465	55 584	201	157	13 051	…	3	667	5 150
職業・作業指導員	4 266	82	133	2 979	101	11	346	…	5	288	296
セラピスト	5 494	6	119	916	74	7	3 133	…	–	3	1 169
理学療法士	1 759	3	30	414	31	–	920	…	–	–	334
作業療法士	1 284	1	15	298	21	–	715	…	–	–	221
その他の療法士	2 452	2	74	204	21	7	1 497	…	–	3	614
心理・職能判定員	62	…	…	62	…	…	…	…	…	…	…
医師	3 061	28	149	332	10	4	1 399	1 027	–	11	89
保健師・助産師・看護師	38 117	381	2 707	4 649	52	23	9 698	7 336	–	26	12 268
精神保健福祉士	1 197	76	22	947	4	2	…	…	…	1	112
保育士	385 862	…	…	…	…	…	15 981	368 662	3	1 216	…
児童生活支援員	570	…	…	…	…	…	570	…	…	…	…
児童厚生員	10 008	…	…	…	…	…	10 008	…	…	…	…
母子指導員	716	…	…	…	…	…	716	…	…	…	…
介護職員	125 117	3 158	16 666	11 868	91	–	…	…	…	41	84 003
栄養士	19 094	196	2 067	2 235	4	16	1 397	11 683	1	3	1 336
調理員	70 605	553	5 024	4 919	21	55	4 127	45 557	5	216	8 787
事務員	32 257	431	4 631	5 064	567	37	3 569	9 725	74	844	6 510
児童発達支援管理責任者	860	…	…	…	…	…	860	…	…	…	…
その他の職員	53 399	231	3 947	2 604	1 261	48	8 678	26 268	61	711	8 610

注：1)　従事者数は常勤換算従事者数であり、小数点以下第 1 位を四捨五入している。

　　2)　保護施設には医療保護施設、児童福祉施設（保育所を除く）には助産施設及び児童遊園、その他社会福祉施設等（有料老人ホーム（サービス付き高齢者向け住宅以外）を除く）には無料低額診療施設をそれぞれ含まない。

　　3)　生活指導・支援員等には、生活指導員、生活支援員、児童指導員及び児童自立支援専門員を含むが、保護施設及び婦人保護施設は生活指導員のみである。

　　4)　従事者数は詳細票により調査した職種についてのものであり、調査した職種以外は「…」とした。

厚生労働省 HP

表 10-2 より、社会福祉従事者数の総数は現在（2014 年調べ）878,413 人であり、そのうち、「保育士」が 385,862 人と最も多く、次いで、「介護職員」が 125,117 人、そして、「生活指導・支援員等」が 81,080 人と続いている。

「保育士」は、児童の施設において子どもの保育に従事することが職務である。保育士の約 9 割以上が保育所に勤務しており、残りの約 1 割が保育所以外の児童福祉施設や老人ホームなどで働いている。ただし、保育士資格を有し、児童自立支援施設に勤務した場合は、「児童生活支援員」、児童館などに勤務した場合は、「児童厚生員（児童の遊びを指導する者）」と名称が変わることがある。

「生活指導員」は、社会福祉施設での指導・相談援助業務の代表的な職種で、ケースワークやグループワークなどの援助技術を活用して、利用者に直接関わりながら自立を支援する仕事である。具体的な業務内容は施設の種類によってやや異なるが、「障害者支援施設」においては、入所者の生活援助や訓練が仕事の中心である。

「生活支援員」は、障がい者の日常生活上の支援や身体機能・生活能力の向上に向けた支援を行うほか、創作・生産活動に関わり、作業についての指導も行っている。日々、障がい者の生活に密着しながら、自立をサポートする仕事である。

「介護職員」は、高齢者や障がい者関係の施設で、食事や排泄、入浴など基本的な生活の援助を行っている。

その他、保健・医療系の職種としては、医師、看護師、保健師、助産師の他、リハビリテーションを担当する職種として、理学療法士、作業療法士、言語聴覚士がある。また、施設の管理・運営の職種として、施設長、事務職員、施設利用者の食生活を支える栄養士や調理員などがある。

2　社会福祉行政の専門機関職員

社会福祉行政においては、専門機関として、都道府県（指定都市および中核市もほぼ同様）に福祉事務所、児童相談所、身体障害者更生相談所、知的障害者更生相談所、婦人相談所が置かれている。また、福祉事務所については、直接、住民に対して相談・誘導や給付の事務を行う機関であることから、市および特別区にも設置が義務付けられている（町村は任意に設置）。

これらの機関の 2014 年現在の設置数をみると（表 10-3 参照）、福祉事務所が最も多く、1,251 ヵ所となっている。次いで、児童相談所が 207 ヵ所であり、身体障害者更生相談所、知的障害者更生相談所はいずれも約 80 ヵ所、婦人相談所は 49 ヵ所となっている。これらの機関には、専門的な業務に従事する職員として、福祉事務所等に社会福祉主事、知的障害者福祉司、身体障害者福祉司、児童相談所に児童福祉司などが設置されている。特に、福祉事務所には、生活保護ケースをはじめ、老人、児童、身体障がい者、知的障がい者、母子などの現業業務を担当する職員が設置されており、

第 10 章　社会福祉領域における専門職

これらの職員は「ケースワーカー」（現業員）と呼ばれている。ケースワーカーは、要援護者の家庭訪問、面接、資産等の調査、措置の判断、生活指導などを行っている。福祉事務所には、これらのケースワーカーを指導監督する職員として「査察指導員」も配置されている。ケースワーカーおよび査察指導員については、職務の専門性から、社会福祉主事があてられることになっている。

表 10–3　福祉事務所等の設置数

	総数
福祉事務所	1,251
児童相談所	207
身体障害者更生相談所	80
知的障害者更生相談所	82
婦人相談所	49

『厚生労働省白書』＜平成 26 年度版＞より筆者作成

3　社会福祉協議会の職員

　行政機関と関わりをもちながら社会福祉の推進に大きな役割を担っているものとして、社会福祉協議会の職員があげられる。社会福祉協議会は社会福祉法に規定された民間団体で、地域福祉の推進中心的な担い手として位置付けられた団体である（詳細については、第 9 章の Ⅲ –1 参照）。

　社会福祉協議会の活動内容は地域の実情や特性に応じてさまざまだが、地域の社会福祉事業の企画・実施、住民主体の福祉活動の推進、社会福祉事業の調査・連絡・調整などを行っている。また、社会福祉協議会は、ホームヘルプ事業、デイサービス事業、入浴サービス事業など、在宅福祉サービスの実施団体としても活発に活動している。したがって、社会福祉協議会には、地域福祉の推進を担当する企画・調整を行うコーディネーター的な業務に携わる職員と、実際の介護サービスを提供するケアワーカー的な業務に携わる職員がいる。

Ⅱ　社会福祉専門職の国家資格

　社会福祉の仕事は、誰もが住み慣れた地域で安心して暮らせるようサポートすることを目的としており、その職種はとても幅広く、それぞれの職場において高い専門性が求められている。しかし長い間、社会福祉分野では従事者の「専門職」としての発達が遅れていた。なぜならば、これまで主に福祉ニーズが、家族や親族などのインフォーマルなサービスで充足されてきたため、社会的な福祉サービスに至らず、家事労

働の延長として誰でもできることとみなされてきたためである。しかしながら、近年、核家族化、少子高齢化、そして、施設福祉から在宅福祉へという社会情勢や福祉ニーズの変化により、サービスの供給主体が多様化してきた。それに伴い、社会福祉分野においても公的サービスの充実が図られるようになり、それに携わる専門職員の専門性が求められるようになってきたのである。つまり、社会全体において、社会福祉専門職の確立がなされ、その重要性に基づき、国家資格が創設されるに至ったのである。

国家資格は、一般的に高度な専門職の資格とみなされている。社会福祉に関しては、1987年に「社会福祉士及び介護福祉法」、1997年に「精神保健福祉法」が成立し、社会福祉士、介護福祉士、精神保健福祉士の3つの国家資格が作られている。

ただし、これらの資格は名称独占であり、業務独占ではない。業務独占とは、医師のように、その資格を持っていなければ業務を行うことはできないが、これとは異なり、名称独占は、資格を持っていない人がその名称を名乗ることはできないが、資格を持っていなくても、社会福祉の仕事をすることはできるというものである。

このほかにも、社会福祉専門分野では、次のような国家資格があり、業務内容別に以下のような3つに分類できる。

①相談・助言・ソーシャルワーク（社会資源の活用）等を業務とする資格：具体的には、社会福祉士、精神保健福祉士。
②利用者に直接的なサービスを提供する資格：具体的には、介護福祉士、保育士、看護師。
③心身の機能の維持・回復を目指して、専門的なケアを行う資格：理学療法士、作業療法士、言語聴覚士、看護師。

ここでは、社会福祉士、介護福祉士、精神福祉士について詳しく述べていく。

1　社会福祉士

社会福祉士とは、登録を受け、社会福祉士の名称を用いて、専門的知識および技術をもって、身体上若しくは精神上の障害があること、または環境上の理由により日常生活を営むのに支障がある者の福祉に関する相談に応じ、助言、指導その他の援助を行うことを業とする者をいう（社会福祉士及び介護福祉士法第2条）。

社会福祉士の資格は、国家試験の合格および社会福祉士登録簿への登録によって取得できる。そのためには、図10-1のようなルートによって、受験資格を得ることが前提となる。社会福祉士は、通称ソーシャルワーカーとも呼ばれている。

法的に社会福祉の仕事を位置付けたことは、それまで以上に社会福祉の従事者に対する社会的評価を高めることになったとともに、責任や意欲をもってみずからの専門性の向上に努めようという従事者の士気を高めるきっかけともなった。このことは、歴史的に意義があったといってよいだろう。

社会福祉士は、高齢者、身体障がい者、精神障がい者、知的障がい者、児童、または病者など、援助を必要とする人々やその家族に対して相談助言を行っている。所属している施設・機関としては、老人福祉施設、児童福祉施設、障害者支援施設などの社会福祉施設全般、福祉事務所や児童相談所などの行政の社会福祉機関、一般病院や精神科病院などの保健・医療機関、社会福祉協議会、介護老人保健施設や有料老人ホームなどがあげられる。また、介護保険制度の実施により、施設・機関によっては「介護支援専門員」の資格をもち、その仕事を兼任している人もいる。

このように所属は種々あるが、どの職場においても社会福祉士は社会福祉の立場に立って、専門的援助にあたっている。そして常に生活の主体者である利用者の目線になり、利用者の意見を尊重し、さまざまな社会資源の情報提供やその活躍を側面的に支援している。また、利用者が主体的にサービスを利用できることを目的とし、その実現に向けて関係諸機関との連絡調整を行っている。

図 10-1　社会福祉士の資格取得方法
厚生労働省 HP より一部改変

2　介護福祉士

介護福祉士とは、登録を受け、介護福祉士の名称を用いて、専門的知識及び技術をもって、身体上又は精神上の障害があることにより日常生活を営むのに支障がある者につき入浴、排せつ、食事その他の介護を行い、ならびにその者およびその介護者に

対して介護に関する指導を行うことを業とする者をいう（社会福祉士及び介護福祉士法第2法）。

介護福祉士の資格を得るには、介護福祉士国家試験を受験する方法と、養成施設を卒業する方法とに大別される。具体的な資格取得の方法は図10-2のようになっている。介護福祉士にも、前述の社会福祉士と同様の業務が法律で定められている。

図10-2　介護福祉士の資格取得方法
厚生労働省統計協会『国民の福祉と介護の動向　2013/2014』

3　精神保健福祉士

精神保健福祉士とは、登録を受け、精神保健福祉士の名称を用いて、精神障害者の保健および福祉に関する専門的知識及び技術をもって、精神病院その他の医療施設において精神障害の医療を受け、または精神障害者の社会復帰の促進を図ることを目的とする施設を利用している者の社会復帰に関する相談に応じ、助言、指導、日常生活への適応のために必要な訓練その他の援助を行うことを業とする者をいう（精神保健福祉士法第2条）。

精神保健福祉士の資格は、社会福祉士の資格と同様、国家試験を受験し、合格者が登録して得られる。受験資格を得るには図10-3のような方法がある。

精神保健福祉士にも、社会福祉士・介護福祉士と同様に、信用失墜行為の禁止、秘密保持、連携、名称の使用制限の義務が課されているが、精神保健福祉士の場合、医療関係者との連携を保つとともに、精神障がい者に主治の医師があるときは、その指導を受けなければならないことも義務として規定されている。

第 10 章　社会福祉領域における専門職

図 10-3　精神保健福祉士の資格取得方法
図 10-1 に同じ

Ⅲ　社会福祉領域における専門職に求められるもの

1　専門職に求められる倫理

　一般に専門職とは、①専門理論の体系、②専門的権威、③地域社会による専門性の承認、④倫理綱領、⑤専門職文化、等によって特徴づけられているといわれている。特に、専門体系の理論的確立や倫理などが求められ、それによって社会からの支持や承認が必要になるのである[1]。
　ここでは、特に、専門職の倫理について述べる。
　社会福祉職は、主に援助を求めている人々の健康や、生活に関わる仕事に携わっており、個人の生活や価値観、あるいは人格に介入し、当事者が抱える様々な問題の解決にあたる。それは、個人の人権に介入し、それを侵害する危険性を伴う仕事であるといえる。そのため、職業の中でも高度な専門性と専門職倫理に基づいて、自らの責任の下で行動することが求められる。つまり、より高い倫理と責任が求められる職種と言えるであろう。

---

1) 岩田正美・上野谷加代子・藤村正之『ウェルビーイング・タウン 社会福祉入門』＜改訂版＞
　有斐閣、p177、2016 年

社会福祉においては、1986（昭和61）年に日本ソーシャルワーカー協会が「倫理綱領」を宣言しており、職種を超えて、社会福祉士の職能団体である日本社会福祉士会もこれを倫理綱領として採択している（表10-4参照）。

表10-4　日本ソーシャルワーカー協会倫理綱領（一部抜粋）

前　文
　われわれソーシャルワーカーは、全ての人が人間としての尊厳を有し、価値ある存在であり、平等であることを深く認識する。われわれは平和を擁護し、人権と社会正義の原理に則り、サービス利用者本位の質の高い福祉サービスの開発と提供に努めることによって、社会福祉の推進とサービス利用者の自己実現をめざす専門職であることを言明する。
　われわれは、社会の進展に伴う社会変動が、ともすれば環境破壊及び人間疎外をもたらすことに着目する時、この専門職がこれからの社会福祉にとって不可欠の制度であることを自覚するとともに、専門職ソーシャルワーカーの職責についての一般社会及び市民の理解を深め、その啓発に努める。

　われわれは、われわれの加盟する国際ソーシャルワーカー連盟が採択した、次の「ソーシャルワークの定義」（2000年7月）を、ソーシャルワーク実践に適用され得るものとして認識し、その実践の拠り所とする。

ソーシャルワークの定義
　ソーシャルワークの専門職は、人間の福利（ウェルビーイング）の増進を目指して、社会の変革を進め、人間関係における問題解決を図り、人々のエンパワーメントと解放を促していく。
　ソーシャルワークは、人間の行動と社会システムに関する理論を利用して、人々がその環境と相互に影響し合う接点に介入する。
　人権と社会正義の定義は、ソーシャルワークの拠り所とする基盤である。（IFSW2000.7.）
　われわれは、ソーシャルワークの知識、技術の専門性と倫理性の維持、向上が専門職の職責であるだけでなく、サービス利用者は勿論、社会全体の利益に密接に関連していることを認識し、本綱領を制定してこれを遵守することを誓約する者により、専門職団体を組織する。

価値と原則（以下項目のみ）
　Ⅰ．人間の尊厳、Ⅱ．社会正義、Ⅲ．貢献、Ⅳ．誠実、Ⅴ．専門的力量

倫理基準（以下項目のみ）
　Ⅰ．利用者に対する倫理責任、Ⅱ．実践現場における倫理責任、Ⅲ．社会に対する倫理責任、Ⅳ．専門職としての倫理責任

　表10-4に示されている内容は、社会福祉専門職としての判断や行動を規定する物差しである。現状に甘んじることなく、専門職同士の相互批判・相互研鑽とともに、何よりも被援助者、サービス利用者からの声や意見にしっかり耳を傾け、当事者と常

第 10 章　社会福祉領域における専門職

に真正面から向き合うことが大切であろう。

2　専門職に求められる繋いでいく力　〜ネットワーク作り〜

　本章では、社会福祉領域における専門職について述べてきたが、その職種は多種多様であり、また、さまざまな所属（職場）があることがおわかりいただけたであろう。そして、その業務内容は大変高度な専門性を要求されており、業務に一生懸命取り組みすぎてバーンアウトする人も多く、長く勤めることが難しい職場といわれているのも事実である。そうならないためにも、問題を 1 人で抱え込むのではなく、職場内でチームを組み、日々の業務にあたることが大切である。己の力と役割（専門性）を認識したうえで、場合によっては、より専門性の高い職種・職場へと繋いでいくことも必要となってくる。ゆえに、職場外においてもネットワークを作っていくことが重要となる。現在の日本では、対象者ごとに法律や施設が分類されているが、今後は必要に応じて社会福祉専門職が、現在分類されている壁を超えて、横と横で、あるいは斜めにと縦横無尽に繋がっていくことが求められるであろう。

＜参考文献＞

野﨑和義監修・ミネルヴァ書房編集部編『平成 28 年度版　ミネルヴァ社会福祉六法 』
　ミネルヴァ書房、2016 年

小野澤昇・田中利則・大塚良一編『子どもの生活を支える 社会的養護』ミネルヴァ書房、2013 年

栃本一三郎編『新しい視点で学ぶ 社会福祉 保育士を志す人のために』光生館、2007 年

山縣文治・岡田忠克編『よくわかる社会福祉 第 10 版』ミネルヴァ書房、2005 年

第11章	クライエントの人権と 支援者の自己覚知

Ⅰ　エンパワメント

　人権教育は、人権が人間関係・社会関係の基本原則であること、芸術的・活動的・学問的な経験を通してそのことに目覚め、誰もが「力をつけられるようにすること」である。したがって、エンパワメント（empowerment）は重要な概念である。エンパワメントとは、社会福祉の援助活動において利用者やその集団、コミュニティなどが自らの力を自覚して行動できるよう、サポートすることをいう。エンパワメントは、近年、社会福祉援助技術（ソーシャルワーク）の一つとしても位置づけられている概念であり、人権保障をめざした社会福祉実践の根本と考えられる。

1　エンパワメントの原理

　エンパワメントは、さまざまな社会活動の中で着目されている。ソロモンによると、[1]その定義を、「スティグマ化されている集団の構成メンバーであることに基づいて加えられた否定的な評価によって引き起こされたパワー欠如状態を減らすことを目指して、クライエントもしくは、クライエントシステムに対応する一連の諸活動にソーシャルワーカーが関わっていく過程」、としている。スティグマ化された社会、家族等の環境にあると、有能感、自己効力感を獲得していく過程は取りづらいものであり、それは、クライエントの無力感につながり、生活改善に向けての消極的傾向や、依存的傾向への背景となってしまう。そのような、パワーを失った状態を回復させていくことがエンパワメント・アプローチである。現代社会において、そのような状態に追い込まれがちになっている人々は、例えば、長期にわたって社会的ケアを受けなければならない状況におかれている高齢者、精神障がい者、身体障がい者、エイズ患者等である。

---

1) B.Solomon, *Black empowerment:Social work in Oppressed Communities*,
　Colombia University Press,p.19,1976.

また、差別、抑圧、虐待などで人権を侵害され、無力感をしみ込ませられた人達もまた、パワーを失った状態であるといえる。

　エンパワメントの原理は、我が国の 90 年代の福祉政策と重ね合わせて考えると、その基盤として重要な概念であるといえよう。戦後、必要にかられ制度化されてきた、弱者の保護救済という考え方から、社会福祉基礎構造改革により社会福祉法が改正され、「利用者本位と自立支援」「自己決定権」「自己選択権に基づくサービスの推進」へ、また、「措置制度」から「契約制度」へ「措置費」から「介護報酬」「支援費」へと、援助者主導型のサービスから、利用者主導型サービスを目指すという変化の中に、まさにエンパワメントの理念が反映されている。

2　エンパワメント・アプローチの方法

　既存の社会福祉援助技術を統合し、前述の原理を実現していくことであると説明できる。既存の社会福祉援助技術についてはその専門書を参照していただきたい。これまでより特徴的なのは、社会的側面に対しての介入が強調されているところである。E. コックスと R. パーソンズによると、介入次元は 4 段階に分けられる。

（１）個人の内的なエンパワーに焦点を置く個人的次元

　個別援助技術（ケースワーク）の個別化、傾聴、受容、自己決定等の原則が適用され、特にクライエントの強さ、健康に焦点を当てていく。

（２）セルフヘルプグループへの参加等の対人関係的次元

　共同的体験を通し、相互支持的かかわりを通して、自己の大切さ、他者の大切さ、受容的関係を実感していく。集団援助技術（グループワーク）の技法と関連付けられる。

（３）環境及び組織的次元

　環境と自分との関係に目を向け、今までの関わり方を問題とし、自分の権利や要求を主張するというアドボカシーの次元である。ワーカーは、自分ではそれができないクライエントのために、代弁的機能を発揮するのである。それにより、クライエントは周囲が変化することを実感し、自己効力感や、セルフ・アドボカシーの能力を高める。

　例えば、入所施設における、自治会活動の支援、オンブズマンの利用等が挙げられる。地域援助技術（コミュニティーワーク）と関連付けられるだろう。

（４）社会政治次元

　社会活動法（ソーシャルアクション）の次元であり、（３）のセルフ・アドボカシーをさらに発展させ、住民運動や市民運動等、組織化された社会に対する活動に参加す

第 11 章　クライエントの人権と支援者の自己覚知

るよう援助する。ワーカー自身が参加し、主体となる場合も含める。

　筆者がスーパーバイザーとして参加した健常児も含めた、自閉症など障がい児の統合キャンプにおいては、エンパワメントが反映されていた。それはスタッフと保護者、保護者同士の関わり、大学生のボランティアリーダー（プログラムリーダー、グループリーダー、ケースリーダー）と子どもたちの活動（できたという感動、自己効力感）などにおいてである。「すいません。」を連呼する保護者が居た。それには「パワーレス」を感じさせられた。「ここではすいませんは言わなくてもいいですよ。」と伝えると、「すいません。」と返されてしまった。

　他者にエンパワメント・アプローチを実践する際に、最も大切なことは、「自分自身がエンパワメントされている。」と実感することである。

Ⅱ　自己覚知

1　自己覚知の必要性

　人は、それまでの成育歴の中で学習された人間関係を元に、新しい人間関係を形成する。フロイトは子どもの頃の心的外傷、トラウマが、成人してからの人格に大きな影響を与えることを述べた。つまり、人権について、人権とはこうだ、だからこのように接しなさい、と、意識レベルの中でどう説得しても、無意識のコミュニケーションで学習されたスタイルが顔を出し、変化を及ぼさないことが多々あるのである。

　ただ、意識レベルで、知らないよりは知っている方が良い。なぜなら、意識レベルで知識として知ることにより、無意識で操作されようとする自分にストップをかけられる可能性もあるからである。しかし、無意識と意識が戦っている状況は、非常に辛いものである。これは、ある、たたかれて育ったワーカーの例である。彼を 36 時間の分娩の難産で出産した母は、それをきっかけとして慢性関節リウマチとなり、「私が死んで新しいお母さんが来てもいい子で居るようにたたくんだからね。」と、子どものパンツを脱がしてたたいた。ワーカーである彼は、子どもをたたいてしつけるということを幼少期に学習させられているため、つい、そうしそうな衝動に自分も駆られる。だが、ワーカーであるため、知識として意識レベルから強力にストップをかけており、実際たたくにはいたらない。心の中はとても辛いが、彼の代でたたくしつけは止められ、職務上の体罰もくい止めることが実現できる。

　またある子どもは、どんなに成績が良くても、母親に「ダメな子だ」と繰り返し言いつづけられ、幼少の小さな胸で自殺企図を考えていたという。母親自身の劣等感が子どもを認めないとして表現され、そのことによって自分自身が自分を保っていたと

も考えられる。このような母親に人権をいくら説明しても、子どもへの接し方はさほど変わらないのではないだろうか。

したがって、人権侵害だから人をたたいてはいけない、人に冷たく当たってはいけない、受容しなさい、と意識レベルだけで人権を訴えるだけでは不充分なのである。権力者が、正義という大義名分で差別発言や行動を取った人間を一方的に強く非難したとしても、「では、差別をやめよう。」という温かな展開となるのでなく、不満や恐怖感、自己否定された怒りが残って、それがトラウマとなり、差別や人権という話題に拒否的になり、さらに深い差別意識を作ってしまうことになりかねない。

今までの生育歴を振り返り、自分の人間関係の持ち方にどんな癖があるのか、自分自身をよく見つめ、自己受容し、自分の傷を癒すことが、結果としてトラウマを克服することにつながり、人権を守るコミュニケーションをとる力になるのである。そのような作業を「自己覚知」という。

自己覚知とは、深い次元での自己理解であり、思想や価値観がどのような社会の中で形成されてきたか、どのような反応、行動をとる人間なのかを知る客観的な自己理解である。自己覚知により、ニュートラルな感覚で利用者を受容することができるとともに、逆転移（次項で詳述）を防止し、適切な対応、思考、判断ができるようになり、他者理解へと結びつくのである。

福祉従事者は、自分の観察力、感受性、理解力などをよく磨いておくことが大切で、自分の目に映っていることが、現実なのか、それとも自分自身の過去の経験に影響されたものなのかをよく把握することが必要で、継続して自分自身を見つめていることが必要である。

福祉専門職を目指す人には、自らが対人関係の傷を持つ人が少なくない。これは、自分が傷を負っているがあったからこそ、その問題を抱える者の傷に興味がわいて仕事とした、ということである。また、かつて自らが福祉ニーズを持ち、いわゆる弱い立場に置かれ、援助を必要とする経験があったから、きっと弱者の立場が理解できるだろうと、福祉の仕事を目指す人もいる。しかし、まずは自らの傷を乗り越えなければ、他人を癒すことなどはできない。

海外の精神分析家の養成課程では、自分自身が精神分析を受ける「個人分析」や「教育分析」というものがある。これは、精神分析家になる者が実際に自ら精神分析を受けるというもので、自己理解を深め、クライエントをより深く、敏感に理解し、心理療法の過程を不必要に歪めないようにすることを目的の1つとしている。

自己覚知の方法として、他にもロールプレイングやスーパービジョン、感受性訓練、エンカウンターグループなどがあり、さまざまな工夫の中で、意識的に自分自身を見つめる機会を設けていく必要がある。

第 11 章　クライエントの人権と支援者の自己覚知

2　逆転移の防止

　逆転移とは、「治療者・援助者側が、自らの過去の感情などをクライエントや子どもに向けること[2]」を言う。前述したように、ワーカー自身が傷を持っているからこそ、こういう仕事に惹かれてしまうということもある。子どもの問題について、自分の中に共鳴する部分がないと、子どもへの興味は持ちづらい。また、心の病に興味があることで、クライエントと心理療法家が同じ軸上に、犯罪に興味があるということで警察官と犯罪者が同じ軸上に居るともいわれている。プラス、マイナスは反対の位置にである。

　また、ワーカーの心の傷を癒すワークショップを実施すると、間接的だが、ワーカーに子どもに対する理解が出てきて、優しくなる、ともいわれている。これは、不登校のケースで、母親のカウンセリングをすると、子どもが落ち着くというのと、よく似ている。両者とも、「子どもにこのように接しなさい。」という、ハウツーの再認識が、功を奏しているという意味ではない。ワーカーの生育歴において、自分が受けてきた傷に気づいていないと、その傷を利用者にぶつけてしまうわけである。

　例えば、母親との関係が解決していないワーカーは、そのことに気づいていないと、女性の利用者とうまく関係が持てない。また、ワーカー自身がアルコール依存症の父の家庭で育ち、それを心の中で解決できていないと、アルコール依存症がらみの利用者に対応した時、無意識に父に対する感情（ポジティブ、ネガティブを含む）が出てしまったり、冷静に受容、共感、判断ができないほど自分の問題となぞらえてしまうのである。つまり、自分の問題を混入させてしまい、クライエントをひとりの人格として尊重できなくなるのである。

　ある児童養護施設の保育士の話である。若干知的能力の低い小学校1年生の女子が、食事の時、サラダにドレッシングをかけ過ぎたのを見て、保育士は注意するだけでなく、皿を持ってそのかけ過ぎたドレッシングを女児に飲ませた。また、幼児同士の喧嘩で、手に噛みついた男子をつかまえて、保育士がこの子どもの手に歯形がつくほど噛みついた。「目には目を、歯には歯を」である。この保育士は、後で落ち着いたときに反省したのではない。他の職員に武勇伝として自慢したのである。他の職員が驚いて間違いを指摘したが、まったく理解してもらえない。おそらく彼女はそうしてしつけられた生育歴があり、心に染み付いた子育ての概念がそのようなものであるから、別の概念を押し付けられたところで、理解できないのである。周りの職員は誰もが、その彼女のとった行動を人権侵害や虐待ととらえた。

　では、このような場合どうしたらよいのか。まずはスーパーバイザーにあたる者が、その保育士に、自分の正育歴を思い出させる。親にドレッシングを飲まされるとか、噛みつかれたのに似た経験があったことが予想される。そして、その時どんな気持ち

2）谷田貝公昭・原裕視編『子ども心理辞典』一藝社、p93、2011 年

がしたか、再体験させる。「つらかった。怖かった。苦しかった。死にたかった。」など、涙を流して語るかも知れない。そうすると、スーパーバイザーは傾聴し、共感し、彼女の傷を癒やすである。PTSD（心的外傷後ストレス症候群）には、EFTタッピングセラピー（感情解放技法）などの短期療法も効果的である。心の傷が癒されれば、おそらく、人権侵害にあたるような行動や養育方法は二度ととらないだろう。

3　防衛機制からの発言を防ぐ

　ワーカーが自分の身を守るため発言したことが、利用者の人権を尊重していないことになってしまうことがある。これに対しては、継続して、ワーカーの心の動きに注意して援助してやる必要がある。バイスティックのケースワークの7原則のうちの1つ「意図的な感情表出」は、聞こえはなめらかであるが実際は厳しいものである。例えば、利用者がワーカーに対して強い口調で不満、文句を言い、「お前も他の人間と同じだ！」と、怒鳴ったとする。その時、ワーカーの心の動きはどうであろう。怒りがこみ上げて怒鳴り返すか、恐怖におびえて謝罪するか、理屈で言い訳するだろうか。これらは、利用者の怒りを受容し、共感し、それが何に対しての怒りなのかをみつめてもらうこととは、まったく異なる。ワーカー自身の問題である。

　私が児童養護施設の児童指導員をしていた時の事例を挙げてみよう。中学3年生の男子の事例である。学校の先生との三者面談の時のこと、私は、親代わりなので、自宅から本児を施設に迎えに行き、2人で中学校へ向かうという手はずであった。私が、中学校の約束の時間に間に合うであろうぎりぎりの時間で迎えに行くと、彼は支度ができておらず、三者面談の時間に少し遅れてしまった。私は、中学校の先生に、本児の支度ができておらずもたついて遅刻したことを話した。

　施設に帰ってから、本児は「ぎりぎりに来たのを俺のせいにした。」と、怒り狂った。後から思えば、彼の生活能力から行くと、「さあ行くぞ。支度するぞ。」という声がけがなされないとエンジンがかからないので、彼からすると、私に依存していたのを見事に裏切られたという感覚になろう。その時、冷静にそれを理解していれば、「中学3年生なら、よく時間を理解し、間に合うよう支度するものだ。」と、言えたはずだ。

　しかし、その時私は、彼の言うとおり、自分の防衛機制が働いたことを感じ、言い当てられたようにズキンとしたのである。自分がもたついたことを彼に押し付けた、投射という防衛機制である。

　これが、自分の性格や、防衛機制の癖を理解して、持続的に自分の心の動きを見ていないと、とんでもない発言や行動を生じ、その結果、利用者の人権を侵害してしまうということなのである。

第 11 章　クライエントの人権と支援者の自己覚知

Ⅲ　セルフエスティーム

　セルフエスティームとは、自分自身の良いところも悪いところも生きているさまも好きである、という自尊感情のことである。自己受容と言ってもよいであろう。

　人権教育と関連して、自分のことを大切に思えてこそ初めて、人のことを大切にしようとする気持ちが生まれる、ということなのである。

　セルフエスティームが高くなるか低くなるかは、子どもの頃の養育環境によって決まってくる。身近な人々に温かく受け入れられて育つことで、自分が大切な存在であるということを学習していくとセルフエスティームは高くなる。逆に、差別されてきたり、虐待を受けてきたり、すさんだ家庭の中で育ち、「自分がいないほうが良いのでは」という環境であれば、セルフエスティームは低くなる。子どもには自己中心的思考をとる傾向があるので、周囲の現象を自責の念を持って捉えがちである。その自己否定感を、他者否定感として、他人にぶつければ、人権侵害となるわけである。ぶつけられた方は、まったくいわれの無い感情である。その感情は、差別者側をかつてひどい目に会わせた加害者に向けた感情の、逆転移なのである。

Ⅳ　燃え尽きないために

　他人に自分のエネルギーを吸い取られて、疲れたり、具合が悪くなったり、辛くなったりした経験がないだろうか。わかりやすく言うと、具合が悪い人に誠心誠意対応すると、こちらの元気がその人に移り、その人が元気になる。そして、その分こちらが辛くなってしまうということである。ひどい時には、その人の調子の悪いところがそっくりそのまま移ることもある。例えば、腰痛の方のマッサージをしていると、施術者に腰痛が移るというようにである。腰痛がウィルスで感染するわけではない。科学的とはいえないが、人間同士の何らかのエネルギーのやり取りが行われていると感じる。

　筆者の実体験を紹介したい。母を亡くした年、1年間、中学校の教員の仕事をする機会を得た。1年4組担任、1年生5クラスの社会科の担当である。落ち込んでいた時だったが、朝の会の時、何気ないことをしゃべると、生徒たちの元気いっぱいのエネルギーをもらい、何か元気が出てきた。こちらが教育しているはずなのだが、生徒たちに逆にケアしてもらっているようだった。また、朝から父親ともめ、出勤し、教壇に立つと、「先生、今日は元気がないね。」と、声をかけてくれる。「実は父親と喧嘩してきた。」と言うと、俺のうちはこうだ、私のうちはこうだ、と何人も言ってくれる。「だから大丈夫だよ。」と言ってくれていたみたいなのである。まさにグループワークである。

123

ところが、翌年より児童養護施設の児童指導員になって驚いた。力が吸い取られて
いく感じばかりなのである。「先生、元気が無いね。」などと、声をかけてもらうどこ
ろではない。それどころか、「気分で接しないでくれ。」と、しかられた。「これが、辛
い思いをして生きてきた子どもたちなのだ。」と、思い知らされた。いっぺんに、私が
甘えている状況では無くなったことを悟った。子どもたちから、どろどろとした物を
次々に投げつけられ、それを受け止めていく立場となった。精一杯やれば、子どもた
ちは反応してくれた。こちらが努力していることは必ず伝わる。しかし、逆にこちら
がどんどん磨り減っていくのがわかった。

身も心もボロボロになり、燃え尽きて辞めていく職員は後を絶たない。いい加減で、
適当にやっている職員は燃え尽きない。悪意を持っているのでは、と思えるほどひど
いことをしている職員も燃え尽きない（そのような職員はいないであろうことを願う
が）。自分に正直に、心を開いて、子どものために何とか自分が役に立てないか、真剣
に真面目に考えている者は燃え尽きる可能性がある。

そこで、そうならないための考え方を提案したい。

「自分がしてあげているから、クライエントが癒されるのではない。クライエントの
自己回復力により、問題を解決していくのである。ワーカーはあくまでも、そばに寄
り添い、彼らの自己回復力が円滑に働くように、少し手伝っているだけである。決し
て、施してやっている訳ではない。仮に、ワーカーからクライエントにエネルギーの
移動があったとしたら、それはワーカーに蓄積されているエネルギーが伝わったので
はない。長い歴史の中で自分がたまたま今存在し、大宇宙の膨大なエネルギーが、自
分を介して、クライエントに伝わったのであり、パイプの役割をしたのである。むしろ、
パイプを通る時に、エネルギーが少し引っかかり、自分も得られているのである。」

これは基本的な考え方だが、つい忘れてしまう。自分が携わったからうまくいった
とか、自分が我慢すれば、その分、クライエントのためになる、と、つい考えてしまう。
ワーカーの自尊感情が低ければ、自分の、自己効力感をクライエントの変容によって、
確認しようとするだろう。

しかし、よく考えると、それはクライエントの依存心を強くするだけかも知れない
し、自己決定権を奪うものかも知れない。依存されると気持ちが良いというワーカー
の満足感と、自分が居ないと物事を決められなくなるようにして、クライエントをコ
ントロールしたいというワーカーの満足感を満たすためにクライエントが存在するの
であれば、クライエントの人権はまったく無視されている。また、満足を得られない、
自分にとって都合の悪い方向をクライエントが選んだ場合、クライエントは見放され、
人権は尊重されないという結果を招くことが想像できる。

なぜ、自分が、保育士、栄養士、看護師、ソーシャルワーカー、ケアワーカーなど
の対人援助を専門とする仕事につきたいと思ったのか、再度見つめなおし、気づきを
得ることは大切である。

第 11 章　クライエントの人権と支援者の自己覚知

＜参考文献＞

『EFT タッピングセラピー、大人が子どもにできること』

　スーザン・J・ブーセン、ブレンダ監訳、梶原隆之訳、春秋社、2009 年。Susan Jeffrey Busen,

　A Guide to Emotional Freedom Techniques for Kids and Their Parents, iUniverse,2007.

森田ゆり『エンパワメントと人権－こころの力のみなもとへ』解放出版社、2002 年

森実『いま人権教育が変わる　国連人権教育 10 年の可能性』部落解放・人権研究所、2000 年

鈴木祥蔵・堀正嗣『人権保育カリキュラム』明石書店、2002 年

◆児童福祉法の一部を改正する法律：新旧対照表

厚生労働省 HP　http://www.mhlw.go.jp/

児童福祉法（昭和二十二年法律第百六十四号）（抄）

（傍線部分は改正部分）

（第一条関係）

改　　正　　後	現　　行
第六条の二　（略）	第六条の二　（略）
[2] ～ [10]　（略）	[2] ～ [10]　（略）
[11]　この法律で、児童自立生活援助事業とは、<u>第二十七条第七項</u>の措置に係る者につき同項に規定する住居において同項に規定する日常生活上の援助及び生活指導<u>並びに就業の支援を行い、あわせて同項の措置を解除された者につき相談その他の援助を行う</u>事業をいう。	[11]　この法律で、児童自立生活援助事業とは、<u>第二十七条第九項</u>の措置に係る者につき同項に規定する住居において同項に規定する日常生活上の援助及び生活指導を行う事業をいう。
[12]・[13]　（略）	[12]・[13]　（略）
<u>第六条の三　この法律で、里親とは、保護者のない児童又は保護者に監護させることが不適当であると認められる児童（以下「要保護児童」という。）を養育することを希望する者であつて、都道府県知事が適当と認めるものをいう。</u>	
第八条　第七項、<u>第二十七条第六項</u>、第四十六条第四項及び第五十九条第五項の規定によりその権限に属させられた事項を調査審議するため、都道府県に児童福祉に関する審議会その他の合議制の機関を置くものとする。ただし、社会福祉法（昭和二十六年法律第四十五号）第十二条第一項の規定により同法第七条第一項に規定する地方社会福祉審議会（以下「地方社会福祉審議会」という。）に児童福祉に関する事項を調査審議させる都道府県にあつては、この限りでない。	第八条　第七項、<u>第二十七条第八項</u>、第四十六条第四項及び第五十九条第五項の規定によりその権限に属させられた事項を調査審議するため、都道府県に児童福祉に関する審議会その他の合議制の機関を置くものとする。ただし、社会福祉法（昭和二十六年法律第四十五号）第十二条第一項の規定により同法第七条第一項に規定する地方社会福祉審議会（以下「地方社会福祉審議会」という。）に児童福祉に関する事項を調査審議させる都道府県にあつては、この限りでない。
[2] ～ [6]　（略）	[2] ～ [6]　（略）
[7]　社会保障審議会及び都道府県児童福祉審議会（第一項ただし書に規定する都道府県にあつては、地方社会福祉審議会とする。<u>第二十七条第六項</u>、第四十六条第四項並びに第五十九条第五項及び第六項において同じ。）は、児童及び知的障害者の福祉を図るため、芸能、出版物、がん具、遊戯等を推薦し、又はそれらを製作し、興行し、若しくは販売する者等に対し、必要な勧告をすることができる	[7]　社会保障審議会及び都道府県児童福祉審議会（第一項ただし書に規定する都道府県にあつては、地方社会福祉審議会とする。<u>第二十七条第八項</u>、第四十六条第四項並びに第五十九条第五項及び第六項において同じ。）は、児童及び知的障害者の福祉を図るため、芸能、出版物、がん具、遊戯等を推薦し、又はそれらを製作し、興行し、若しくは販売する者等に対し、必要な勧告をすることができる。
第十二条の二　（略）	第十二条の二　（略）
[2]　（略）	[2]　（略）
[3]　<u>前項の規定は、主任児童委員が第一項各号に掲げる児童委員の職務を行うことを妨げるものではない。</u>	
[4]　（略）	[3]　（略）

127

第二十五条　<u>要保護児童</u>を発見した者は、これを福祉事務所若しくは児童相談所又は児童委員を介して福祉事務所若しくは児童相談所に通告しなければならない。ただし、罪を犯した満十四歳以上の児童については、この限りでない。この場合においては、これを家庭裁判所に通告しなければならない。	第二十五条　<u>保護者のない児童又は保護者に監護させることが不適当であると認める児童</u>を発見した者は、これを福祉事務所若しくは児童相談所又は児童委員を介して福祉事務所若しくは児童相談所に通告しなければならない。ただし、罪を犯した満十四歳以上の児童については、この限りでない。この場合においては、これを家庭裁判所に通告しなければならない。
第二十七条　（略）	第二十七条　（略）
一・二　（略）	一・二　（略）
三　児童を里親に委託し、又は乳児院、児童養護施設、知的障害児施設、知的障害児通園施設、盲ろうあ児施設、肢体不自由児施設、重症心身障害児施設、情緒障害児短期治療施設若しくは児童自立支援施設に入所させること。	三　児童を里親<u>（保護者のない児童又は保護者に監護させることが不適当であると認められる児童を養育することを希望する者であつて、都道府県知事が、適当と認める者をいう。以下同じ。）若しくは保護受託者（保護者のない児童又は保護者に監護させることが不適当であると認められる児童で学校教育法に定める義務教育を終了したものを自己の家庭に預かり、又は自己の下に通わせて、保護し、その性能に応じ、独立自活に必要な指導をすることを希望する者であつて、都道府県知事が適当と認めるものをいう。以下同じ。）</u>に委託し、又は乳児院、児童養護施設、知的障害児施設、知的障害児通園施設、盲ろうあ児施設、肢体不自由児施設、重症心身障害児施設、情緒障害児短期治療施設若しくは児童自立支援施設に入所させること。
四　（略）	四　（略）
[2]～[4]　（略）	[2]～[4]　（略）
	[5]　<u>第一項第三号の保護受託者に委託する措置は、あらかじめ、児童の同意を得、かつ、一年以内の期間を定めて、これを採らなければならない。</u>
	[6]　<u>都道府県は、委託の期間が満了したときは、さらに、児童の同意を得、かつ、一年以内の期間を定めて、児童の保護を保護受託者に委託することができる。</u>
[5]　都道府県知事は、第一項第二号若しくは第三号若しくは第二項の措置を解除し、停止し<u>、</u>又は他の措置に変更する場合には、児童相談所長の意見を聴かなければならない。	[7]　都道府県知事は、第一項第二号若しくは第三号若しくは第二項の措置を解除し、停止し、<u>若しくは他の措置に変更し、又は前項の措置を採る</u>場合には、児童相談所長の意見を聴かなければならない。
[6]　都道府県知事は、政令の定めるところにより、第一項第一号から第三号までの措置（第三項の規定により採るもの及び第二十八条第一項第一号又は第二号ただし書の規定により採るものを除く。）若しくは第二項の措置を採る場合又は<u>第一項第二号若しくは第三号若しくは第二項の措置を解除し、停止し、若しくは他の措置に変更する</u>場合には、都道府県児童福祉審議会の意見を聴かなければならない。	[8]　都道府県知事は、政令の定めるところにより、第一項第一号から第三号までの措置（第三項の規定により採るもの及び第二十八条第一項第一号又は第二号ただし書の規定により採るものを除く。）若しくは第二項の措置を採る場合、<u>第一項第二号若しくは第三号若しくは第二項の措置を解除し、停止し、若しくは他の措置に変更する</u>場合又は<u>第六項の措置を採る場合</u>には、都道府県児童福祉審議会の意見を聴かなければならない。

◆児童福祉法の一部を改正する法律：新旧対照表

[7]　都道府県は、義務教育を終了した児童であつて、第一項第三号に規定する措置のうち政令で定めるものを解除されたものその他政令で定めるものについて、当該児童の自立を図るため、政令で定める基準に従い、これらの者が共同生活を営むべき住居において相談その他の日常生活上の援助及び生活指導並びに就業の支援を行い、又は当該都道府県以外の者に当該住居において当該日常生活上の援助及び生活指導並びに就業の支援を行うことを委託する措置を採ることができる。	[9]　都道府県は、義務教育を終了した児童であつて、第一項第三号に規定する措置のうち政令で定めるものを解除されたものその他政令で定めるものについて、当該児童の自立を図るため、政令で定める基準に従い、これらの者が共同生活を営むべき住居において相談その他の日常生活上の援助及び生活指導を行い、又は当該都道府県以外の者に当該住居において当該日常生活上の援助及び生活指導を行うことを委託する措置を採ることができる。
第二十七条の二　（略）	第二十七条の二　（略）
[2]　前項に規定する措置は、この法律の適用については、前条第一項第三号の児童自立支援施設又は児童養護施設に入所させる措置とみなす。ただし、同条第四項及び第六項（措置を解除し、停止し、又は他の措置に変更する場合に係る部分を除く。）並びに第二十八条の規定の適用については、この限りでない。	[2]　前項に規定する措置は、この法律の適用については、前条第一項第三号の児童自立支援施設又は児童養護施設に入所させる措置とみなす。ただし、同条第四項及び第八項（措置を解除し、停止し、又は他の措置に変更する場合に係る部分を除く。）並びに第二十八条の規定の適用については、この限りでない。
第三十条の二　都道府県知事は、里親及び児童福祉施設の長並びに前条第一項に規定する者に、児童の保護について、必要な指示をし、又は必要な報告をさせることができる。	第三十条の二　都道府県知事は、里親、保護受託者及び児童福祉施設の長並びに前条第一項に規定する者に、児童の保護について、必要な指示をし、又は必要な報告をさせることができる。
第三十一条　（略）	第三十一条　（略）
[2]　都道府県は、第二十七条第一項第三号の規定により里親に委託され、又は児童養護施設、知的障害児施設（国の設置する知的障害児施設を除く。）、盲ろうあ児施設、情緒障害児短期治療施設若しくは児童自立支援施設に入所した児童については満二十歳に達するまで、同号の規定により国の設置する知的障害児施設に入所した児童についてはその者が社会生活に順応することができるようになるまで、引き続き同号の規定による委託を継続し、又はその者をこれらの児童福祉施設に在所させる措置を採ることができる。	[2]　都道府県は、第二十七条第一項第三号の規定により児童養護施設、知的障害児施設（国の設置する知的障害児施設を除く。）、盲ろうあ児施設、情緒障害児短期治療施設又は児童自立支援施設に入所した児童については満二十歳に達するまで、同号の規定により国の設置する知的障害児施設に入所した児童についてはその者が社会生活に順応することができるようになるまで、引き続きその者をこれらの児童福祉施設に在所させる措置を採ることができる。
[3]　（略）	[3]　（略）
[4]　都道府県は、第二十七条第七項の措置を採つた児童については、満二十歳に達するまで、引き続きその者に援助を行い、又は同項に規定する委託を継続する措置を採ることができる。	[4]　都道府県は、第二十七条第九項の措置を採つた児童については、満二十歳に達するまで、引き続きその者に援助を行い、又は同項に規定する委託を継続する措置を採ることができる。
[5]　前各項に規定する保護又は措置は、この法律の適用については、母子保護の実施又は第二十七条第一項第三号、第二項若しくは第七項に規定する措置とみなす。	[5]　前各項に規定する保護又は措置は、この法律の適用については、母子保護の実施又は第二十七条第一項第三号、第二項若しくは第九項に規定する措置とみなす。
[6]　（略）	[6]　（略）
第三十二条　都道府県知事は、第二十七条第一項、第二項又は第七項の措置を採る権限の全部又は一部を児童相談所長に委任することができる。	第三十二条　都道府県知事は、第二十七条第一項、第二項又は第九項の措置を採る権限の全部又は一部を児童相談所長に委任することができる。
[2]　（略）	[2]　（略）
第三十三条の四　（略）	第三十三条の四　（略）
一　第二十一条の二十五、第二十五条の二第二号、第二十六条第一項第二号並びに第二十七条第一項第二号及び第七項の措置　当該措置に係る児童の保護者	一　第二十一条の二十五、第二十五条の二第二号、第二十六条第一項第二号並びに第二十七条第一項第二号及び第九項の措置　当該措置に係る児童の保護者

129

二～四　（略）	二～四　（略）
第三十三条の五　第二十一条の二十五、第二十五条の二第二号、第二十六条第一項第二号若しくは第二十七条第一項第二号若しくは第三号、第二項若しくは第七項の措置を解除する処分又は保育の実施等の解除については、行政手続法（平成五年法律第八十八号）第三章（第十二条及び第十四条を除く。）の規定は、適用しない。	第三十三条の五　第二十一条の二十五、第二十五条の二第二号、第二十六条第一項第二号若しくは第二十七条第一項第二号若しくは第三号、第二項若しくは第九項の措置を解除する処分又は保育の実施等の解除については、行政手続法（平成五年法律第八十八号）第三章（第十二条及び第十四条を除く。）の規定は、適用しない。
第三十四条　（略）	第三十四条　（略）
一～八　（略）	一～八　（略）
九　児童の心身に有害な影響を与える行為をさせる目的をもつて、これを自己の支配下に置く行為	九　児童が四親等内の児童である場合及び児童に対する支配が正当な雇用関係に基づくものであるか又は家庭裁判所、都道府県知事又は児童相談所長の承認を得たものである場合を除き、児童の心身に有害な影響を与える行為をさせる目的をもつて、これを自己の支配下に置く行為
[2]　（略）	[2]　（略）
第三十四条の六　児童居宅生活支援事業又は児童自立生活援助事業を行う者は、第二十一条の二十五第一項、第二十六条第一項第二号又は第二十七条第一項第二号若しくは第七項の規定による委託を受けたときは、正当な理由がない限り、これを拒んではならない。	第三十四条の六　児童居宅生活支援事業又は児童自立生活援助事業を行う者は、第二十一条の二十五第一項、第二十六条第一項第二号又は第二十七条第一項第二号若しくは第九項の規定による委託を受けたときは、正当な理由がない限り、これを拒んではならない。
第三十七条　乳児院は、乳児（保健上、安定した生活環境の確保その他の理由により特に必要のある場合には、幼児を含む。）を入院させて、これを養育し、あわせて退院した者について相談その他の援助を行うことを目的とする施設とする。	第三十七条　乳児院は、乳児（保健上その他の理由により特に必要のある場合には、おおむね二歳未満の幼児を含む。）を入院させて、これを養育することを目的とする施設とする。
第三十八条　母子生活支援施設は、配偶者のない女子又はこれに準ずる事情にある女子及びその者の監護すべき児童を入所させて、これらの者を保護するとともに、これらの者の自立の促進のためにその生活を支援し、あわせて退所した者について相談その他の援助を行うことを目的とする施設とする。	第三十八条　母子生活支援施設は、配偶者のない女子又はこれに準ずる事情にある女子及びその者の監護すべき児童を入所させて、これらの者を保護するとともに、これらの者の自立の促進のためにその生活を支援することを目的とする施設とする。
第四十一条　児童養護施設は、保護者のない児童（乳児を除く。ただし、安定した生活環境の確保その他の理由により特に必要のある場合には、乳児を含む。以下この条において同じ。）、虐待されている児童その他環境上養護を要する児童を入所させて、これを養護し、あわせて退所した者に対する相談その他の自立のための援助を行うことを目的とする施設とする。	第四十一条　児童養護施設は、乳児を除いて、保護者のない児童、虐待されている児童その他環境上養護を要する児童を入所させて、これを養護し、あわせてその自立を支援することを目的とする施設とする。
第四十三条の五　情緒障害児短期治療施設は、軽度の情緒障害を有する児童を、短期間、入所させ、又は保護者の下から通わせて、その情緒障害を治し、あわせて退所した者について相談その他の援助を行うことを目的とする施設とする。	第四十三条の五　情緒障害児短期治療施設は、軽度の情緒障害を有する児童を、短期間、入所させ、又は保護者の下から通わせて、その情緒障害を治すことを目的とする施設とする。
第四十四条　児童自立支援施設は、不良行為をなし、又はなすおそれのある児童及び家庭環境その他の環境上の理由により生活指導等を要する児童を入所させ、又は保護者の下から通わせて、個々の児童の状況に応じて必要な指導を行い、その自立を支援し、あわせて退所した者について相談その他の援助を行うことを目的とする施設とする。	第四十四条　児童自立支援施設は、不良行為をなし、又はなすおそれのある児童及び家庭環境その他の環境上の理由により生活指導等を要する児童を入所させ、又は保護者の下から通わせて、個々の児童の状況に応じて必要な指導を行い、その自立を支援することを目的とする施設とする。

◆児童福祉法の一部を改正する法律：新旧対照表

第四十五条　厚生労働大臣は、児童福祉施設の設備及び運営並びに里親の行う養育について、最低基準を定めなければならない。この場合において、その最低基準は、児童の身体的、精神的及び社会的な発達のために必要な生活水準を確保するものでなければならない。	第四十五条　厚生労働大臣は、児童福祉施設の設備及び運営、里親の行う養育並びに保護受託者の行う保護について、最低基準を定めなければならない。この場合において、その最低基準は、児童の身体的、精神的及び社会的な発達のために必要な生活水準を確保するものでなければならない。
[2]　児童福祉施設の設置者及び里親は、前項の最低基準を遵守しなければならない。	[2]　児童福祉施設の設置者並びに里親及び保護受託者は、前項の最低基準を遵守しなければならない。
[3]　（略）	[3]　（略）
第四十六条　都道府県知事は、前条の最低基準を維持するため、児童福祉施設の設置者、児童福祉施設の長及び里親に対して、必要な報告を求め、児童の福祉に関する事務に従事する職員に、関係者に対して質問させ、若しくはその施設に立ち入り、設備、帳簿書類その他の物件を検査させることができる。	第四十六条　都道府県知事は、前条の最低基準を維持するため、児童福祉施設の設置者、児童福祉施設の長、里親及び保護受託者に対して、必要な報告を求め、児童の福祉に関する事務に従事する職員に、関係者に対して質問させ、若しくはその施設に立ち入り、設備、帳簿書類その他の物件を検査させることができる。
[2]～[4]　（略）	[2]～[4]　（略）
第四十七条　（略）	第四十七条　（略）
[2]　児童福祉施設の長又は里親は、入所中又は受託中の児童で親権を行う者又は未成年後見人のあるものについても、監護、教育及び懲戒に関し、その児童の福祉のため必要な措置をとることができる。	[2]　児童福祉施設の長は、入所中の児童で親権を行う者又は未成年後見人のあるものについても、監護、教育及び懲戒に関し、その児童の福祉のため必要な措置をとることができる。
第四十八条　児童養護施設、知的障害児施設、盲ろうあ児施設、肢体不自由児施設、情緒障害児短期治療施設及び児童自立支援施設の長並びに里親は、学校教育法に規定する保護者に準じて、その施設に入所中又は受託中の児童を就学させなければならない。	第四十八条　児童養護施設、知的障害児施設、盲ろうあ児施設、肢体不自由児施設、情緒障害児短期治療施設及び児童自立支援施設の長は、学校教育法に規定する保護者に準じて、その施設に入所中の児童を就学させなければならない。
第五十条　（略）	第五十条　（略）
一～六の三　（略）	一～六の三　（略）
七　都道府県が、第二十七条第一項第三号に規定する措置を採つた場合において、入所又は委託に要する費用及び入所後の保護又は委託後の養育につき、第四十五条の最低基準を維持するために要する費用（国の設置する乳児院、児童養護施設、知的障害児施設、知的障害児通園施設、盲ろうあ児施設、肢体不自由児施設、重症心身障害児施設、情緒障害児短期治療施設又は児童自立支援施設に入所させた児童につき、その入所後に要する費用を除く。）	七　都道府県が、第二十七条第一項第三号に規定する措置を採つた場合において、入所又は委託（保護受託者に委託する場合を除く。以下同じ。）に要する費用及び入所後の保護又は委託後の養育につき、第四十五条の最低基準を維持するために要する費用（国の設置する乳児院、児童養護施設、知的障害児施設、知的障害児通園施設、盲ろうあ児施設、肢体不自由児施設、重症心身障害児施設、情緒障害児短期治療施設又は児童自立支援施設に入所させた児童につき、その入所後に要する費用を除く。）
七の二～九　（略）	七の二～九　（略）
第五十六条　（略）	第五十六条　（略）
[2]　第五十条第五号、第六号及び第六号の三から第七号の二までに規定する費用を支弁した都道府県又は第五十一条第一号に規定する費用（業者に委託しないで補装具の交付又は修理が行われた場合における当該措置に要する費用に限る。）並びに同条第二号及び第三号に規定する費用を支弁した市町村の長は、本人又はその扶養義務者から、その負担能力に応じ、その費用の全部又は一部を徴収することができる。	[2]　第五十条第五号から第六号まで及び第六号の三から第七号の二までに規定する費用を支弁した都道府県又は第五十一条第一号に規定する費用（業者に委託しないで補装具の交付又は修理が行われた場合における当該措置に要する費用に限る。）並びに同条第二号及び第三号に規定する費用を支弁した市町村の長は、本人又はその扶養義務者から、その負担能力に応じ、その費用の全部又は一部を徴収することができる。
[3]～[7]　（略）	[3]～[7]　（略）

改　正　後	現　行
[8]　都道府県知事又は市町村長は、第一項の規定による負担能力の認定、第二項若しくは第三項の規定による費用の徴収又は第四項若しくは第五項の規定による費用の支払の命令に関し必要があると認めるときは、本人又はその扶養義務者の収入の状況につき、官公署に対し、必要な書類の閲覧又は資料の提供を求めることができる。	
[9]　第一項から第三項まで又は第七項の規定による費用の徴収は、これを本人又はその扶養義務者の居住地又は財産所在地の都道府県又は市町村に嘱託することができる。	[8]　第一項から第三項まで又は前項の規定による費用の徴収は、これを本人又はその扶養義務者の居住地又は財産所在地の都道府県又は市町村に嘱託することができる。
[10]　（略）	[9]　（略）
第六十条　（略）	第六十条　（略）
[2] ～ [4]　（略）	[2] ～ [4]　（略）
[5]　第二項（第三十四条第一項第七号及び第九号の規定に違反した者に係る部分に限る。）の罪は、刑法第四条の二の例に従う。	

児童福祉法（昭和二十二年法律第百六十四号）（抄）

（傍線部分は改正部分）

（第二条関係）

改　正　後	現　行
目次 • 第一章　総則（第一条｜第三条） 　o 第一節　（略） 　o 第二節　児童福祉審議会等（第八条｜第九条） 　o 第三節　実施機関（第十条｜第十二条の六） 　o 第四節　児童福祉司（第十三条｜第十五条） 　o 第五節　児童委員（第十六条｜第十八条の三） 　o 第六節　（略） • 第二章　福祉の保障 　o 第一節　療育の指導、医療の給付等（第十九条｜第二十一条の九の二） 　o 第二節～第五節　（略） • 第三章～第六章　（略） • 附則 　o 第三節　実施機関	目次 • 第一章　総則（第一条｜第三条） 　o 第一節　（略） 　o 第二節　児童福祉審議会等（第八条｜第十条） 　o 第三節　児童福祉司（第十一条｜第十一条の三） 　o 第四節　児童委員（第十二条｜第十四条） 　o 第五節　児童相談所、福祉事務所及び保健所（第十五条｜第十八条の三） 　o 第六節　（略） • 第二章　福祉の保障 　o 第一節　療育の指導、医療の給付等（第十九条｜第二十一条の九） 　o 第二節～第五節　（略） • 第三章～第六章　（略） • 附則
第十条　市町村は、この法律の施行に関し、次に掲げる業務を行わなければならない。 　• 一　児童及び妊産婦の福祉に関し、必要な実情の把握に努めること。 　• 二　児童及び妊産婦の福祉に関し、必要な情報の提供を行うこと。 　• 三　児童及び妊産婦の福祉に関し、家庭その他からの相談に応じ、必要な調査及び指導を行うこと並びにこれらに付随する業務を行うこと。	第十条　削除

◆児童福祉法の一部を改正する法律：新旧対照表

[2] 市町村長は、前項第三号に掲げる業務のうち専門的な知識及び技術を必要とするものについては、児童相談所の技術的援助及び助言を求めなければならない。	
[3] 市町村長は、第一項第三号に掲げる業務を行うに当たつて、医学的、心理学的、教育学的、社会学的及び精神保健上の判定を必要とする場合には、児童相談所の判定を求めなければならない。	
[4] 市町村は、この法律による事務を適切に行うために必要な体制の整備に努めるとともに、当該事務に従事する職員の人材の確保及び資質の向上のために必要な措置を講じなければならない。	
第十一条 都道府県は、この法律の施行に関し、次に掲げる業務を行わなければならない。 ・一 前条第一項各号に掲げる市町村の業務の実施に関し、市町村相互間の連絡調整、市町村に対する情報の提供その他必要な援助を行うこと及びこれらに付随する業務を行うこと。 ・二 児童及び妊産婦の福祉に関し、主として次に掲げる業務を行うこと。 o イ 各市町村の区域を超えた広域的な見地から、実情の把握に努めること。 o ロ 児童に関する家庭その他からの相談のうち、専門的な知識及び技術を必要とするものに応ずること。 o ハ 児童及びその家庭につき、必要な調査並びに医学的、心理学的、教育学的、社会学的及び精神保健上の判定を行うこと。 o ニ 児童及びその保護者につき、ハの調査又は判定に基づいて必要な指導を行うこと。 o ホ 児童の一時保護を行うこと。	
[2] 都道府県知事は、市町村の前条第一項各号に掲げる業務の適切な実施を確保するため必要があると認めるときは、市町村に対し、必要な助言を行うことができる。	
[3] 都道府県知事は、第一項又は前項の規定による都道府県の事務の全部又は一部を、その管理に属する行政庁に委任することができる。	
第十二条 都道府県は、児童相談所を設置しなければならない。	[参考]

[2]　児童相談所は、児童の福祉に関し、主として前条第一項第一号に掲げる業務及び同項第二号ロからホまでに掲げる業務を行うものとする。	第五節　児童相談所、福祉事務所及び保健所 第十五条　都道府県は、児童相談所を設置しなければならない。 第十五条の二　児童相談所は、児童の福祉に関する事項について、主として左の業務を行うものとする。 ・一　児童に関する各般の問題につき、家庭その他からの相談に応ずること。 ・二　児童及びその家庭につき、必要な調査並びに医学的、心理学的、教育学的、社会学的及び精神保健上の判定を行うこと。 ・三　児童及びその保護者につき、前号の調査又は判定に基づいて必要な指導を行なうこと。 ・四　児童の一時保護を行うこと。
[3]　児童相談所は、必要に応じ、巡回して、前項に規定する業務（前条第一項第二号ホに掲げる業務を除く。）を行うことができる。	[2]　児童相談所は、必要に応じ、巡回して、前項第一号から第三号までの業務を行うことができる。
[4]　児童相談所長は、その管轄区域内の社会福祉法に規定する福祉に関する事務所（以下「福祉事務所」という。）の長（以下「福祉事務所長」という。）に必要な調査を委嘱することができる。	
第十二条の二　児童相談所には、所長及び所員を置く。	第十六条　児童相談所には、所長及び所員を置く。
[2]　所長は、都道府県知事の監督を受け、所務を掌理する。	[2]　所長は、都道府県知事の監督を受け、所務を掌理する。
[3]　所員は、所長の監督を受け、前条に規定する業務をつかさどる。	[3]　所員は、所長の監督を受け、前条に規定する業務を掌る。
[4]　児童相談所には、第一項に規定するもののほか、必要な職員を置くことができる。	[4]　児童相談所には、第一項に規定するものの外、必要な職員を置くことができる。
第十二条の三　児童相談所の所長及び所員は、事務吏員又は技術吏員とする。	第十六条の二　児童相談所の所長及び所員は、事務吏員又は技術吏員とする。
[2]　所長は、次の各号のいずれかに該当する者でなければならない。	[2]　所長は、次の各号のいずれかに該当する者でなければならない。
一　医師であつて、精神保健に関して学識経験を有する者	一　医師であつて、精神保健に関して学識経験を有する者
二　学校教育法（昭和二十二年法律第二十六号）に基づく大学又は旧大学令（大正七年勅令第三百八十八号）に基づく大学において、心理学を専修する学科又はこれに相当する課程を修めて卒業した者	二　学校教育法に基く大学又は旧大学令に基づく大学において、心理学を専修する学科又はこれに相当する課程を修めて卒業した者
三　社会福祉士	二の二　社会福祉士
四　児童の福祉に関する事務をつかさどる職員（以下「児童福祉司」という。）として二年以上勤務した者又は児童福祉司たる資格を得た後二年以上所員として勤務した者	三　二年以上児童福祉司として勤務した者又は児童福祉司たる資格を得た後二年以上所員として勤務した者
五　前各号に掲げる者と同等以上の能力を有すると認められる者であつて、厚生労働省令で定めるもの	四　前各号に掲げる者と同等以上の能力を有すると認められる者であつて、厚生労働省令で定めるもの
[3]　所長は、厚生労働大臣が定める基準に適合する研修を受けなければならない。	
[4]　判定をつかさどる所員の中には、第二項第一号に該当する者又はこれに準ずる資格を有する者及び同項第二号に該当する者又はこれに準ずる資格を有する者が、それぞれ一人以上含まれなければならない。	[3]　判定を掌る所員の中には、前項第一号に該当する者又はこれに準ずる資格を有する者及び同項第二号に該当する者又はこれに準ずる資格を有する者が、それぞれ一人以上含まれなければならない。

◆児童福祉法の一部を改正する法律：新旧対照表

[5]　相談及び調査をつかさどる所員は、児童福祉司たる資格を有する者でなければならない。	[4]　相談及び調査を掌る所員は、児童福祉司たる資格を有する者でなければならない。
第十二条の四　児童相談所には、必要に応じ、児童を一時保護する施設を設けなければならない。	第十七条　児童相談所には、必要に応じ、児童を一時保護する施設を設けなければならない。
第十二条の五　この法律で定めるもののほか、児童相談所の管轄区域その他児童相談所に関し必要な事項は、命令でこれを定める。	第十八条　この法律で定めるものの外、児童相談所の管轄区域その他児童相談所に関し必要な事項は、命令でこれを定める。
	第十八条の二　福祉事務所は、この法律の施行に関し、主として左の業務を行うものとする。 ・一　児童及び妊産婦の福祉に関し、必要な実情の把握に努めること。 ・二　児童及び妊産婦の福祉に関する事項について、相談に応じ、必要な調査を行い、及び個別的に又は集団的に、必要な指導を行うこと並びにこれらに附随する業務を行うこと。
	[2]　児童相談所長は、その管轄区域内の福祉事務所の長（以下「福祉　事務所長」という。）に必要な調査を委嘱することができる。
第十二条の六　保健所は、この法律の施行に関し、主として次の業務を行うものとする。	第十八条の三　保健所は、この法律の施行に関し、主として次の業務を行うものとする。
一　児童の保健について、正しい衛生知識の普及を図ること。	一　児童の保健について、正しい衛生知識の普及を図ること。
二　児童の健康相談に応じ、又は健康診査を行い、必要に応じ、保健指導を行うこと。	二　児童の健康相談に応じ、又は健康診査を行い、必要に応じ、保健指導を行うこと。
三　身体に障害のある児童及び疾病により長期にわたり療養を必要とする児童の療育について、指導を行うこと。	三　身体に障害のある児童及び疾病により長期にわたり療養を必要とする児童の療育について、指導を行うこと。
四　児童福祉施設に対し、栄養の改善その他衛生に関し、必要な助言を与えること。	四　児童福祉施設に対し、栄養の改善その他衛生に関し、必要な助言を与えること。
[2]　児童相談所長は、相談に応じた児童、その保護者又は妊産婦について、保健所に対し、保健指導その他の必要な協力を求めることができる。	
第四節　児童福祉司	第三節　児童福祉司
第十三条　都道府県は、その設置する児童相談所に、児童福祉司を置かなければならない。	
[2]　児童福祉司は、事務吏員又は技術吏員とし、次の各号のいずれかに該当する者のうちから、任用しなければならない。	第十一条　都道府県は、児童相談所に、事務吏員又は技術吏員であつて次の各号のいずれかに該当するものの中から任用した児童の福祉に関する事務をつかさどるもの（以下「児童福祉司」という。）を置かなければならない。
一　（略）	一　（略）
二　学校教育法に基づく大学又は旧大学令に基づく大学において、心理学、教育学若しくは社会学を専修する学科又はこれらに相当する課程を修めて卒業した者であつて、厚生労働省令で定める施設において一年以上児童その他の者の福祉に関する相談に応じ、助言、指導その他の援助を行う業務に従事したもの	二　学校教育法（昭和二十二年法律第二十六号）に基づく大学又は旧大学令（大正七年勅令第三百八十八号）に基づく大学において、心理学、教育学若しくは社会学を専修する学科又はこれらに相当する課程を修めて卒業した者
三～五　（略）	三～五　（略）
[3]・[4]　（略）	[2]・[3]　（略）

第十四条　市町村長は、前条第三項に規定する事項に関し、児童福祉司に必要な状況の通報及び資料の提供並びに必要な援助を求めることができる。	第十一条の二　市町村長は、前条第二項に規定する事項に関し、児童福祉司に必要な状況の通報及び資料の提供並びに必要な援助を求めることができる。
[2]　（略）	[2]　（略）
第十五条　（略）	第十一条の三　（略）
第五節　児童委員	第四節　児童委員
第十六条　（略）	第十二条　（略）
第十七条　児童委員は、次に掲げる職務を行う。	第十二条の二　児童委員は、次に掲げる職務を行う。
一～三　（略）	一～三　（略）
四　児童福祉司又は福祉事務所の社会福祉主事の行う職務に協力すること。	四　児童福祉司又は社会福祉法に規定する福祉に関する事務所（以下「福祉事務所」という。）の社会福祉主事の行う職務に協力すること。
五・六　（略）	五・六　（略）
[2]～[4]　（略）	[2]～[4]　（略）
第十八条　（略）	第十三条　（略）
第十八条の二　（略）	第十三条の二　（略）
第十八条の三　（略）	第十四条　（略）
	第五節　児童相談所、福祉事務所及び保健所
	第十五条　都道府県は、児童相談所を設置しなければならない。
	第十五条の二　児童相談所は、児童の福祉に関する事項について、主として左の業務を行うものとする。
	・一　児童に関する各般の問題につき、家庭その他からの相談に応ずること。
	・二　児童及びその家庭につき、必要な調査並びに医学的、心理学的、教育学的、社会学的及び精神保健上の判定を行うこと。
	・三　児童及びその保護者につき、前号の調査又は判定に基づいて必要な指導を行なうこと。
	・四　児童の一時保護を行うこと。
	[2]　児童相談所は、必要に応じ、巡回して、前項第一号から第三号までの業務を行うことができる。
	第十六条　児童相談所には、所長及び所員を置く。
	[2]　所長は、都道府県知事の監督を受け、所務を掌理する。
	[3]　所員は、所長の監督を受け、前条に規定する業務を掌る。
	[4]　児童相談所には、第一項に規定するものの外、必要な職員を置くことができる。
	第十六条の二　児童相談所の所長及び所員は、事務吏員又は技術吏員とする。

◆児童福祉法の一部を改正する法律：新旧対照表

	[2]　所長は、次の各号のいずれかに該当する者でなければならない。 ・一　医師であつて、精神保健に関して学識経験を有する者 ・二　学校教育法に基く大学又は旧大学令に基づく大学において、心理学を専修する学科又はこれに相当する課程を修めて卒業した者 ・二の二　社会福祉士 ・三　二年以上児童福祉司として勤務した者又は児童福祉司たる資格を得た後二年以上所員として勤務した者 ・四　前各号に掲げる者と同等以上の能力を有すると認められる者であつて、厚生労働省令で定めるもの
	[3]　判定を掌る所員の中には、前項第一号に該当する者又はこれに準ずる資格を有する者及び同項第二号に該当する者又はこれに準ずる資格を有する者が、それぞれ一人以上含まれなければならない。
	[4]　相談及び調査を掌る所員は、児童福祉司たる資格を有する者でなければならない。
	第十七条　児童相談所には、必要に応じ、児童を一時保護する施設を設けなければならない。
	第十八条　この法律で定めるものの外、児童相談所の管轄区域その他児童相談所に関し必要な事項は、命令でこれを定める。
	第十八条の二　福祉事務所は、この法律の施行に関し、主として左の業務を行うものとする。 ・一　児童及び妊産婦の福祉に関し、必要な実情の把握に務めること。 ・二　児童及び妊産婦の福祉に関する事項について、相談に応じ、必要な調査を行い、及び個別的に又は集団的に、必要な指導を行うこと並びにこれらに附随する業務を行うこと。
	[2]　児童相談所長は、その管轄区域内の福祉事務所の長（以下「福祉事務所長」という。）に必要な調査を委嘱することができる。
	第十八条の三　保健所は、この法律の施行に関し、主として次の業務を行うものとする。 ・一　児童の保健について、正しい衛生知識の普及を図ること。 ・二　児童の健康相談に応じ、又は健康診査を行い、必要に応じ、保健指導を行うこと。 ・三　身体に障害のある児童及び疾病により長期にわたり療養を必要とする児童の療育について、指導を行うこと。 ・四　児童福祉施設に対し、栄養の改善その他衛生に関し、必要な助言を与えること。

第二十一条の九の二　都道府県は、厚生労働大臣が定める慢性疾患にかかつていることにより長期にわたり療養を必要とする児童又は児童以外の満二十歳に満たない者（政令で定めるものに限る。）であつて、当該疾患の状態が当該疾患ごとに厚生労働大臣が定める程度であるものの健全な育成を図るため、当該疾患の治療方法に関する研究その他必要な研究に資する医療の給付その他の政令で定める事業を行うことができる。	
第二十一条の二十九　市町村は、子育て支援事業に関し必要な情報の提供を行うとともに、保護者から求めがあつたときは、当該保護者の希望、その児童の養育の状況、当該児童に必要な支援の内容その他の事情を勘案し、当該保護者が最も適切な子育て支援事業の利用ができるよう、相談に応じ、必要な助言を行うものとする。	第二十一条の二十九　市町村は、子育て支援事業に関し必要な情報の提供を行うとともに、保護者から求めがあつたときは、当該保護者の希望、その児童の養育に必要な支援の内容その他の事情を勘案し、当該保護者が最も適切な子育て支援事業の利用ができるよう、相談に応じ、必要な助言を行うものとする。
[2]〜[4]　（略）	[2]〜[4]　（略）
第二十二条　（略）	第二十二条　（略）
[2]　（略）	[2]　（略）
[3]　都道府県等は、第二十五条の七第二項第三号、第二十五条の八第三号又は第二十六条第一項第四号の規定による報告又は通知を受けた妊産婦について、必要があると認めるときは、当該妊産婦に対し、助産の実施の申込みを勧奨しなければならない。	[3]　都道府県等は、第二十五条の二第三号又は第二十六条第一項第四号の規定による報告又は通知を受けた妊産婦について、必要があると認めるときは、当該妊産婦に対し、助産の実施の申込みを勧奨しなければならない。
[4]　（略）	[4]　（略）
第二十三条　（略）	第二十三条　（略）
[2]・[3]　（略）	[2]・[3]　（略）
[4]　都道府県等は、第二十五条の七第二項第三号、第二十五条の八第三号又は第二十六条第一項第四号の規定による報告又は通知を受けた保護者及び児童について、必要があると認めるときは、その保護者に対し、母子保護の実施の申込みを勧奨しなければならない。	[4]　都道府県等は、第二十五条の二第三号又は第二十六条第一項第四号の規定による報告又は通知を受けた保護者及び児童について、必要があると認めるときは、その保護者に対し、母子保護の実施の申込みを勧奨しなければならない。
[5]　（略）	[5]　（略）
第二十四条　（略）	第二十四条　（略）
[2]・[3]　（略）	[2]・[3]　（略）
[4]　市町村は、第二十五条の八第三号又は第二十六条第一項第四号の規定による報告又は通知を受けた児童について、必要があると認めるときは、その保護者に対し、保育の実施の申込みを勧奨しなければならない。	[4]　市町村は、第二十五条の二第三号又は第二十六条第一項第四号の規定による報告又は通知を受けた児童について、必要があると認めるときは、その保護者に対し、保育の実施の申込みを勧奨しなければならない。
[5]　（略）	[5]　（略）
第二十五条　要保護児童を発見した者は、これを市町村、都道府県の設置する福祉事務所若しくは児童相談所又は児童委員を介して市町村、都道府県の設置する福祉事務所若しくは児童相談所に通告しなければならない。ただし、罪を犯した満十四歳以上の児童については、この限りでない。この場合においては、これを家庭裁判所に通告しなければならない。	第二十五条　要保護児童を発見した者は、これを福祉事務所若しくは児童相談所又は児童委員を介して福祉事務所若しくは児童相談所に通告しなければならない。ただし、罪を犯した満十四歳以上の児童については、この限りでない。この場合においては、これを家庭裁判所に通告しなければならない。

◆児童福祉法の一部を改正する法律：新旧対照表

第二十五条の二　地方公共団体は、単独で又は共同して、要保護児童の適切な保護を図るため、関係機関、関係団体及び児童の福祉に関連する職務に従事する者その他の関係者（以下「関係機関等」という。）により構成される要保護児童対策地域協議会（以下「協議会」という。）を置くことができる。	
[2]　協議会は、要保護児童及びその保護者（以下「要保護児童等」という。）に関する情報その他要保護児童の適切な保護を図るために必要な情報の交換を行うとともに、要保護児童等に対する支援の内容に関する協議を行うものとする。	
[3]　地方公共団体の長は、協議会を設置したときは、厚生労働省令で定めるところにより、その旨を公示しなければならない。	
[4]　協議会を設置した地方公共団体の長は、協議会を構成する関係機関等のうちから、一に限り要保護児童対策調整機関を指定する。	
[5]　要保護児童対策調整機関は、協議会に関する事務を総括するとともに、要保護児童等に対する支援が適切に実施されるよう、要保護児童等に対する支援の実施状況を的確に把握し、必要に応じて、児童相談所その他の関係機関等との連絡調整を行うものとする。	
第二十五条の三　協議会は、前条第二項に規定する情報の交換及び協議を行うため必要があると認めるときは、関係機関等に対し、資料又は情報の提供、意見の開陳その他必要な協力を求めることができる。	
第二十五条の四　前二条に定めるもののほか、協議会の組織及び運営に関し必要な事項は、協議会が定める。	
第二十五条の五　次の各号に掲げる協議会を構成する関係機関等の区分に従い、当該各号に定める者は、正当な理由がなく、協議会の職務に関して知り得た秘密を漏らしてはならない。 ・一　国又は地方公共団体の機関　当該機関の職員又は職員であつた者 ・二　法人　当該法人の役員若しくは職員又はこれらの職にあつた者 ・三　前二号に掲げる者以外の者　協議会を構成する者又はその職にあつた者	
第二十五条の六　市町村、都道府県の設置する福祉事務所又は児童相談所は、第二十五条の規定による通告を受けた場合において必要があると認めるときは、速やかに、当該児童の状況の把握を行うものとする。	

第二十五条の七 　市町村（次項に規定する町村を除く。）は、要保護児童等に対する支援の実施状況を的確に把握するものとし、第二十五条の規定による通告を受けた児童及び相談に応じた児童又はその保護者（以下「通告児童等」という。）について、必要があると認めたときは、次の各号のいずれかの措置を採らなければならない。 ・一　第二十七条の措置を要すると認める者並びに医学的、心理学的、教育学的、社会学的及び精神保健上の判定を要すると認める者は、これを児童相談所に送致すること。 ・二　通告児童等を当該市町村の設置する福祉事務所の知的障害者福祉法（昭和三十五年法律第三十七号）第九条第四項に規定する知的障害者福祉司（以下「知的障害者福祉司」という。）又は社会福祉主事に指導させること。	
[2]　福祉事務所を設置していない町村は、要保護児童等に対する支援の実施状況を的確に把握するものとし、通告児童等又は妊産婦について、必要があると認めたときは、次の各号のいずれかの措置を採らなければならない。 ・一　第二十七条の措置を要すると認める者並びに医学的、心理学的、教育学的、社会学的及び精神保健上の判定を要すると認める者は、これを児童相談所に送致すること。 ・二　次条第二号の措置が適当であると認める者は、これを当該町村の属する都道府県の設置する福祉事務所に送致すること。 ・三　助産の実施又は母子保護の実施が適当であると認める者は、これをそれぞれその実施に係る都道府県知事に報告すること。	
第二十五条の八 　都道府県の設置する福祉事務所の長は、第二十五条の規定による通告又は前条第二項第二号若しくは次条第一項第三号の規定による送致を受けた児童及び相談に応じた児童、その保護者又は妊産婦について、必要があると認めたときは、次の各号のいずれかの措置を採らなければならない。	第二十五条の二 　福祉事務所長は、前条の規定による通告又は次条第一項第三号の規定による送致を受けた児童及び相談に応じた児童、その保護者又は妊産婦について、必要があると認めたときは、次の各号のいずれかの措置を採らなければならない。
一　（略）	一　（略）
二　児童又はその保護者をその福祉事務所の知的障害者福祉司又は社会福祉主事に指導させること。	二　児童又はその保護者をその福祉事務所の知的障害者福祉法（昭和三十五年法律第三十七号）第九条第四項に規定する知的障害者福祉司（第二十七条第一項第二号において「知的障害者福祉司」という。）又は社会福祉主事に指導させること。
三・四　（略）	三・四　（略）
第二十六条 　児童相談所長は、第二十五条の規定による通告を受けた児童、第二十五条の七第一項第一号若しくは第二項第一号、前条第一号又は少年法（昭和二十三年法律第百六十八号）第十八条第一項の規定による送致を受けた児童及び相談に応じた児童、その保護者又は妊産婦について、必要があると認めたときは、次の各号のいずれかの措置を採らなければならない。	第二十六条 　児童相談所長は、第二十五条の規定による通告を受けた児童、前条第一号又は少年法（昭和二十三年法律第百六十八号）第十八条第一項の規定による送致を受けた児童及び相談に応じた児童、その保護者又は妊産婦について、必要があると認めたときは、次の各号のいずれかの措置を採らなければならない。
一・二　（略）	一・二　（略）

◆児童福祉法の一部を改正する法律：新旧対照表

三　第二十五条の七第一項第二号又は前条第二号の措置が適当であると認める者は、これを福祉事務所に送致すること。	三　前条第二号の措置が適当であると認める者は、これを福祉事務所に送致すること。
四・五　（略）	四・五　（略）
[2]　（略）	[2]　（略）
第二十八条　（略）	第二十八条　（略）
[2]　前項第一号及び第二号ただし書の規定による措置の期間は、当該措置を開始した日から二年を超えてはならない。ただし、当該措置に係る保護者に対する指導措置（第二十七条第一項第二号の措置をいう。以下この条において同じ。）の効果等に照らし、当該措置を継続しなければ保護者がその児童を虐待し、著しくその監護を怠り、その他著しく当該児童の福祉を害するおそれがあると認めるときは、都道府県は、家庭裁判所の承認を得て、当該期間を更新することができる。	
[3]　第一項及び前項の承認（以下「措置に関する承認」という。）は、家事審判法の適用に関しては、これを同法第九条第一項甲類に掲げる事項とみなす。	[2]　前項の承認は、家事審判法の適用に関しては、これを同法第九条第一項甲類に掲げる事項とみなす。
[4]　都道府県は、第二項の規定による更新に係る承認の申立てをした場合において、やむを得ない事情があるときは、当該措置の期間が満了した後も、当該申立てに対する審判が確定するまでの間、引き続き当該措置を採ることができる。ただし、当該申立てを却下する審判があつた場合は、当該審判の結果を考慮してもなお当該措置を採る必要があると認めるときに限る。	
[5]　家庭裁判所は、措置に関する承認の申立てがあつた場合は、都道府県に対し、期限を定めて、当該申立てに係る保護者に対する指導措置に関し報告及び意見を求め、又は当該申立てに係る児童及びその保護者に関する必要な資料の提出を求めることができる。	
[6]　家庭裁判所は、措置に関する承認の審判をする場合において、当該措置の終了後の家庭その他の環境の調整を行うため当該保護者に対し指導措置を採ることが相当であると認めるときは、当該保護者に対し、指導措置を採るべき旨を都道府県に勧告することができる。	
第三十条　（略）	第三十条　（略）
[2]　（略）	[2]　（略）
[3]　保護者は、経済的理由等により、児童をそのもとにおいて養育しがたいときは、市町村、都道府県の設置する福祉事務所、児童相談所、児童福祉司又は児童委員に相談しなければならない。	[3]　保護者は、経済的理由等により、児童をそのもとにおいて養育しがたいときは、児童相談所、福祉事務所、児童福祉司又は児童委員に相談しなければならない。
第三十三条の四　（略）	第三十三条の四　（略）
一　第二十一条の二十五、第二十五条の七第一項第二号、第二十五条の八第二号、第二十六条第一項第二号並びに第二十七条第一項第二号及び第七項の措置　当該措置に係る児童の保護者	一　第二十一条の二十五、第二十五条の二第二号、第二十六条第一項第二号並びに第二十七条第一項第二号及び第七項の措置　当該措置に係る児童の保護者
二～四　（略）	二～四　（略）

141

第三十三条の五　第二十一条の二十五、<u>第二十五条の七第一項第二号、第二十五条の八第二号</u>、第二十六条第一項第二号若しくは第二十七条第一項第二号若しくは第三号、第二項若しくは第七項の措置を解除する処分又は保育の実施等の解除については、行政手続法（平成五年法律第八十八号）第三章（第十二条及び第十四条を除く。）の規定は、適用しない。	第三十三条の五　第二十一条の二十五、<u>第二十五条の二第二号</u>、第二十六条第一項第二号若しくは第二十七条第一項第二号若しくは第三号、第二項若しくは第七項の措置を解除する処分又は保育の実施等の解除については、行政手続法（平成五年法律第八十八号）第三章（第十二条及び第十四条を除く。）の規定は、適用しない。
第三十三条の六　児童又は児童以外の満二十歳に満たない者<u>（次条及び第三十三条の八において「児童等」という。）</u>の親権者が、その親権を濫用し、又は著しく不行跡であるときは、民法第八百三十四条の規定による親権喪失の宣告の請求は、同条に定める者のほか、児童相談所長も、これを行うことができる。	第三十三条の六　<u>児童の</u>親権者が、その親権を濫用し、又は著しく不行跡であるときは、民法第八百三十四条の規定による親権喪失の宣告の請求は、同条に定める者のほか、児童相談所長も、これを行うことができる。
第三十三条の七　児童相談所長は、親権を行う者及び未成年後見人のない<u>児童等</u>について、その福祉のため必要があるときは、家庭裁判所に対し未成年後見人の選任を請求しなければならない。	第三十三条の七　児童相談所長は、親権を行う者及び未成年後見人のない<u>児童</u>について、その福祉のため必要があるときは、家庭裁判所に対し未成年後見人の選任を請求しなければならない。
第三十三条の八　<u>児童等</u>の未成年後見人に、不正な行為、著しい不行跡その他後見の任務に適しない事由があるときは、民法第八百四十六条の規定による未成年後見人の解任の請求は、同条に定める者のほか、児童相談所長も、これを行うことができる。	第三十三条の八　<u>児童の</u>未成年後見人に、不正な行為、著しい不行跡その他後見の任務に適しない事由があるときは、民法第八百四十六条の規定による未成年後見人の解任の請求は、同条に定める者のほか、児童相談所長も、これを行うことができる。
第五十条　（略）	第五十条　（略）
一～五　（略）	一～五　（略）
<u>五の二　第二十一条の九の二の事業の実施に要する費用</u>	
六～九　（略）	六～九　（略）
第五十三条　国庫は、前条に規定するもののほか、第五十条（第一号から第三号まで、<u>第五号の二及び第六号の二</u>を除く。）及び第五十一条（第一号の二、第二号、第四号、第五号及び第七号を除く。）に規定する地方公共団体の支弁する費用に対しては、政令の定めるところにより、その二分の一を負担する。	第五十三条　国庫は、前条に規定するもののほか、第五十条（第一号から第三号まで及び第六号の二を除く。）及び第五十一条（第一号の二、第二号、第四号、第五号及び第七号を除く。）に規定する地方公共団体の支弁する費用に対しては、政令の定めるところにより、その二分の一を負担する。
第五十三条の二　国庫は、<u>第五十条第五号の二の費用、第</u>五十一条第一号の二の費用（児童デイサービスに係る費用を除く。）及び同条第二号の費用（児童デイサービス及び第二十一条の二十五第二項の措置に係る費用を除く。）並びに第五十一条第五号の費用に対しては、政令の定めるところにより、その二分の一以内を補助することができる。	第五十三条の二　国庫は、第五十一条第一号の二の費用（児童デイサービスに係る費用を除く。）及び同条第二号の費用（児童デイサービス及び第二十一条の二十五第二項の措置に係る費用を除く。）並びに第五十一条第五号の費用に対しては、政令の定めるところにより、その二分の一以内を補助することができる。
第五十六条　（略）	第五十六条　（略）
[2]・[3]　（略）	[2]・[3]　（略）
<u>[4]　前項に規定する額の収納の事務については、収入の確保及び本人又はその扶養義務者の便益の増進に寄与すると認める場合に限り、政令で定めるところにより、私人に委託することができる。</u>	

◆児童福祉法の一部を改正する法律：新旧対照表

［5］　育成医療の給付又は第二十一条の九の二に規定する医療の給付<u>又は第二十一条の九の二に規定する医療の給付</u>を行う場合においては、当該措置に要する費用を支弁すべき都道府県の知事は、本人又はその扶養義務者に対して、その負担能力に応じ、その費用の全部又は一部を指定育成医療機関<u>又は同条に規定する医療の給付を行う医療機関（第七項において「指定育成医療機関等」という。）</u>に支払うべき旨を命ずることができる。	［4］　育成医療の給付を行う場合においては、当該措置に要する費用を支弁すべき都道府県の知事は、本人又はその扶養義務者に対して、その負担能力に応じ、その費用の全部又は一部を指定育成医療機関に支払うべき旨を命ずることができる。
［6］	［5］　（略）
［7］　本人又はその扶養義務者が前二項の規定により支払うべき旨を命ぜられた額の全部又は一部を<u>指定育成医療機関等</u>又は業者に支払つたときは、当該<u>指定育成医療機関等</u>又は業者の都道府県又は市町村に対する当該費用に係る請求権は、その限度において消滅するものとする。	［6］　本人又はその扶養義務者が前二項の規定により支払うべき旨を命ぜられた額の全部又は一部を<u>指定育成医療機関</u>又は業者に支払つたときは、当該<u>指定育成医療機関</u>又は業者の都道府県又は市町村に対する当該費用に係る請求権は、その限度において消滅するものとする。
［8］　<u>第五項又は第六項</u>に規定する措置が行われた場合において、本人又はその扶養義務者が、これらの規定により支払うべき旨を命ぜられた額の全部又は一部を支払わなかつたため、都道府県又は市町村においてその費用を支弁したときは、都道府県知事又は市町村長は、本人又はその扶養義務者からその支払わなかつた額を徴収することができる。	［7］　<u>第四項又は第五項</u>に規定する措置が行われた場合において、本人又はその扶養義務者が、これらの規定により支払うべき旨を命ぜられた額の全部又は一部を支払わなかつたため、都道府県又は市町村においてその費用を支弁したときは、都道府県知事又は市町村長は、本人又はその扶養義務者からその支払わなかつた額を徴収することができる。
［9］　都道府県知事又は市町村長は、第一項の規定による負担能力の認定、第二項若しくは第三項の規定による費用の徴収又は<u>第五項若しくは第六項</u>の規定による費用の支払の命令に関し必要があると認めるときは、本人又はその扶養義務者の収入の状況につき、官公署に対し、必要な書類の閲覧又は資料の提供を求めることができる。	［8］　都道府県知事又は市町村長は、第一項の規定による負担能力の認定、第二項若しくは第三項の規定による費用の徴収又は<u>第四項若しくは第五項</u>の規定による費用の支払の命令に関し必要があると認めるときは、本人又はその扶養義務者の収入の状況につき、官公署に対し、必要な書類の閲覧又は資料の提供を求めることができる。
［10］　第一項から第三項まで又は<u>第八項</u>の規定による費用の徴収は、これを本人又はその扶養義務者の居住地又は財産所在地の都道府県又は市町村に嘱託することができる。	［9］　第一項から第三項まで又は<u>第七項</u>の規定による費用の徴収は、これを本人又はその扶養義務者の居住地又は財産所在地の都道府県又は市町村に嘱託することができる。
［11］　第一項から第三項まで又は<u>第八項</u>の規定により徴収される費用を、指定の期限内に納付しない者があるときは、第一項に規定する費用については国税の、第二項、第三項又は<u>第八項</u>に規定する費用については地方税の滞納処分の例により処分することができる。この場合における徴収金の先取特権の順位は、国税及び地方税に次ぐものとする。	［10］　第一項から第三項まで又は<u>第七項</u>の規定により徴収される費用を、指定の期限内に納付しない者があるときは、第一項に規定する費用については国税の、第二項、第三項又は<u>第七項</u>に規定する費用については地方税の滞納処分の例により処分することができる。この場合における徴収金の先取特権の順位は、国税及び地方税に次ぐものとする。
第五十九条の四　この法律中都道府県が処理することとされている事務で政令で定めるものは、地方自治法第二百五十二条の十九第一項の指定都市（以下「指定都市」という。）及び同法第二百五十二条の二十二第一項の中核市（以下「中核市」という。）<u>並びに児童相談所を設置する市として政令で定める市（以下「児童相談所設置市」という。）</u>においては、政令で定めるところにより、指定都市<u>若しくは中核市又は児童相談所設置市</u>（以下「指定都市等」という。）が処理するものとする。この場合においては、この法律中都道府県に関する規定は、指定都市等に関する規定として指定都市等に適用があるものとする。	第五十九条の四　この法律中都道府県が処理することとされている事務で政令で定めるものは、地方自治法第二百五十二条の十九第一項の指定都市（以下「指定都市」という。）及び同法第二百五十二条の二十二第一項の中核市（以下「中核市」という。）においては、<u>政令の定めるところにより、指定都市又は中核市</u>（以下「指定都市等」という。）が処理するものとする。この場合においては、この法律中都道府県に関する規定は、指定都市等に関する規定として指定都市等に適用があるものとする。
［2］　（略）	［2］　（略）

改　　正　　後	現　　行
[3]　都道府県知事は、児童相談所設置市の長に対し、当該児童相談所の円滑な運営が確保されるように必要な勧告、助言又は援助をすることができる。	
[4]　この法律に定めるもののほか、児童相談所設置市に関し必要な事項は、政令で定める。	
第六十一条の三　第十八条の八第四項、第十八条の十二第一項、第二十一条の三十又は第二十五条の五の規定に違反した者は、一年以下の懲役又は五十万円以下の罰金に処する。	第六十一条の三　第十八条の八第四項、第十八条の十二第一項又は第二十一条の三十の規定に違反した者は、一年以下の懲役又は五十万円以下の罰金に処する。

少年法（昭和二十三年法律第百六十八号）（抄）

（傍線部分は改正部分）

（附則第六条関係）

改　　正　　後	現　　行
（援助、協力）	（援助、協力）
第十六条　家庭裁判所は、調査及び観察のため、警察官、保護観察官、保護司、児童福祉司（児童福祉法第十二条の三第二項第四号に規定する児童福祉司をいう。第二十六条第一項において同じ。）又は児童委員に対して、必要な援助をさせることができる。	第十六条　家庭裁判所は、調査及び観察のため、警察官、保護観察官、保護司、児童福祉司（児童福祉法第十一条第一項に規定する児童福祉司をいう。第二十六条第一項において同じ。）又は児童委員に対して、必要な援助をさせることができる。
2　（略）	2　（略）

少年院法（昭和二十三年法律第百六十九号）（抄）

（傍線部分は改正部分）

（附則第六条関係）

改　　正　　後	現　　行
第十三条　（略）	第十三条　（略）
2　少年院の長は、警察官、児童福祉法（昭和二十二年法律第百六十四号）第十二条の三第二項第四号に規定する児童福祉司その他の公務員に対し、必要な援助を求めることができる。	2　少年院の長は、警察官、児童福祉法（昭和二十二年法律第百六十四号）第十一条第一項に規定する児童福祉司その他の公務員に対し、必要な援助を求めることができる。
3・4　（略）	3・4　（略）

◆児童福祉法の一部を改正する法律：新旧対照表

地方税法（昭和二十五年法律第二百二十六号）（抄）

（傍線部分は改正部分）

（附則第七条関係）

改　　正　　後	現　　行
（道府県民税に関する用語の意義）	（道府県民税に関する用語の意義）
第二十三条　道府県民税について、次の各号に掲げる用語の意義は、それぞれ当該各号に定めるところによる。	第二十三条　道府県民税について、次の各号に掲げる用語の意義は、それぞれ当該各号に定めるところによる。
一～七　（略）	一～七　（略）
八　扶養親族　道府県民税の納税義務者の親族（その納税義務者の配偶者を除く。）並びに児童福祉法（昭和二十二年法律第百六十四号）第二十七条第一項第三号の規定により同法第六条の三に規定する里親に委託された児童及び老人福祉法（昭和三十八年法律第百三十三号）第十一条第一項第三号の規定により同号に規定する養護受託者に委託された老人でその納税義務者と生計を一にするもの（第三十二条第三項に規定する青色事業専従者に該当するもので同項に規定する給与の支払を受けるもの及び同条第四項に規定する事業専従者に該当するものを除く。）のうち、前年の合計所得金額が三十八万円以下である者をいう。	八　扶養親族　道府県民税の納税義務者の親族（その納税義務者の配偶者を除く。）並びに児童福祉法（昭和二十二年法律第百六十四号）第二十七条第一項第三号の規定により同号に規定する里親に委託された児童及び老人福祉法（昭和三十八年法律第百三十三号）第十一条第一項第三号の規定により同号に規定する養護受託者に委託された老人でその納税義務者と生計を一にするもの（第三十二条第三項に規定する青色事業専従者に該当するもので同項に規定する給与の支払を受けるもの及び同条第四項に規定する事業専従者に該当するものを除く。）のうち、前年の合計所得金額が三十八万円以下である者をいう。
九～十四　（略）	九～十四　（略）
2～4　（略）	2～4　（略）
（市町村民税に関する用語の意義）	（市町村民税に関する用語の意義）
第二百九十二条　市町村民税について、次の各号に掲げる用語の意義は、それぞれ当該各号に定めるところによる。	第二百九十二条　市町村民税について、次の各号に掲げる用語の意義は、それぞれ当該各号に定めるところによる。
一～七　（略）	一～七　（略）
八　扶養親族　市町村民税の納税義務者の親族（その納税義務者の配偶者を除く。）並びに児童福祉法第二十七条第一項第三号の規定により同法第六条の三に規定する里親に委託された児童及び老人福祉法第十一条第一項第三号の規定により同号に規定する養護受託者に委託された老人でその納税義務者と生計を一にするもの（第三百十三条第三項に規定する青色事業専従者に該当するもので同項に規定する給与の支払を受けるもの及び同条第四項に規定する事業専従者に該当するものを除く。）のうち、前年の合計所得金額が三十八万円以下である者をいう。	八　扶養親族　市町村民税の納税義務者の親族（その納税義務者の配偶者を除く。）並びに児童福祉法第二十七条第一項第三号の規定により同号に規定する里親に委託された児童及び老人福祉法第十一条第一項第三号の規定により同号に規定する養護受託者に委託された老人でその納税義務者と生計を一にするもの（第三百十三条第三項に規定する青色事業専従者に該当するもので同項に規定する給与の支払を受けるもの及び同条第四項に規定する事業専従者に該当するものを除く。）のうち、前年の合計所得金額が三十八万円以下である者をいう。
九～十三　（略）	九～十三　（略）
2～4　（略）	2～4　（略）

児童扶養手当法（昭和三十六年法律第二百三十八号）（抄）

（傍線部分は改正部分）

（附則第八条関係）

改　　正　　後	現　　行
（支給要件）	（支給要件）
第四条　（略）	第四条　（略）
２　前項の規定にかかわらず、手当は、児童が次の各号のいずれかに該当するときは、当該児童については、支給しない。	２　前項の規定にかかわらず、手当は、児童が次の各号のいずれかに該当するときは、当該児童については、支給しない。
一～四　（略）	一～四　（略）
五　児童福祉法（昭和二十二年法律第百六十四号）第六条の三に規定する里親に委託されているとき。	五　児童福祉法（昭和二十二年法律第百六十四号）第二十七条第一項第三号に規定する里親に委託されているとき。
六・七　（略）	六・七　（略）
３　（略）	３　（略）

所得税法（昭和四十年法律第三十三号）（抄）

（傍線部分は改正部分）

（附則第九条関係）

改　　正　　後	現　　行
（定義）	（定義）
第二条　この法律において、次の各号に掲げる用語の意義は、当該各号に定めるところによる。	第二条　この法律において、次の各号に掲げる用語の意義は、当該各号に定めるところによる。
一～三十三の二　（略）	一～三十三の二　（略）
三十四　扶養親族　居住者の親族（その居住者の配偶者を除く。）並びに児童福祉法（昭和二十二年法律第百六十四号）第二十七条第一項第三号（都道府県の採るべき措置）の規定により同法第六条の三（定義）に規定する里親に委託された児童及び老人福祉法（昭和三十八年法律第百三十三号）第十一条第一項第三号（市町村の採るべき措置）の規定により同号に規定する養護受託者に委託された老人でその居住者と生計を一にするもの（第五十七条第一項に規定する青色事業専従者に該当するもので同項に規定する給与の支払を受けるもの及び同条第三項に規定する事業専従者に該当するものを除く。）のうち、合計所得金額が三十八万円以下である者をいう。	三十四　扶養親族　居住者の親族（その居住者の配偶者を除く。）並びに児童福祉法（昭和二十二年法律第百六十四号）第二十七条第一項第三号（都道府県の採るべき措置）の規定により同号に規定する里親に委託された児童及び老人福祉法（昭和三十八年法律第百三十三号）第十一条第一項第三号（市町村の採るべき措置）の規定により同号に規定する養護受託者に委託された老人でその居住者と生計を一にするもの（第五十七条第一項に規定する青色事業専従者に該当するもので同項に規定する給与の支払を受けるもの及び同条第三項に規定する事業専従者に該当するものを除く。）のうち、合計所得金額が三十八万円以下である者をいう。
三十四の二～四十八　（略）	三十四の二～四十八　（略）
２・３　（略）	２・３　（略）

◆児童福祉法の一部を改正する法律：新旧対照表

児童虐待の防止等に関する法律（平成十二年法律第八十二号）（抄）

（傍線部分は改正部分）

（附則第十条関係）

改　　正　　後	現　　行
第七条　市町村、都道府県の設置する福祉事務所又は児童相談所が児童虐待を受けた児童に係る児童福祉法第二十五条の規定による通告を受けた場合においては、当該通告を受けた市町村、都道府県の設置する福祉事務所又は児童相談所の所長、所員その他の職員及び当該通告を仲介した児童委員は、その職務上知り得た事項であって当該通告をした者を特定させるものを漏らしてはならない。	第七条　児童相談所又は福祉事務所が児童虐待を受けた児童に係る児童福祉法第二十五条の規定による通告を受けた場合においては、当該通告を受けた児童相談所又は福祉事務所の所長、所員その他の職員及び当該通告を仲介した児童委員は、その職務上知り得た事項であって当該通告をした者を特定させるものを漏らしてはならない。
（通告又は送致を受けた場合の措置）	（通告又は送致を受けた場合の措置）
第八条　児童相談所が児童虐待を受けた児童について児童福祉法第二十五条の規定による通告又は同法第二十五条の七第一項第一号若しくは第二項第一号又は第二十五条の八第一号の規定による送致を受けたときは、児童相談所長は、速やかに、当該児童の安全の確認を行うよう努めるとともに、必要に応じ同法第三十三条第一項の規定による一時保護を行うものとする。	第八条　児童相談所が児童虐待を受けた児童について児童福祉法第二十五条の規定による通告又は同法第二十五条の二第一号の規定による送致を受けたときは、児童相談所長は、速やかに、当該児童の安全の確認を行うよう努めるとともに、必要に応じ同法第三十三条第一項の規定による一時保護を行うものとする。
（大都市等の特例）	（大都市等の特例）
第十六条　この法律中都道府県が処理することとされている事務で政令で定めるものは、地方自治法（昭和二十二年法律第六十七号）第二百五十二条の十九第一項の指定都市（以下「指定都市」という。）及び同法第二百五十二条の二十二第一項の中核市（以下「中核市」という。）並びに児童福祉法第五十九条の四第一項に規定する児童相談所設置市においては、政令で定めるところにより、指定都市若しくは中核市又は児童相談所設置市（以下「指定都市等」という。）が処理するものとする。この場合においては、この法律中都道府県に関する規定は、指定都市等に関する規定として指定都市等に適用があるものとする。	第十六条　この法律中都道府県が処理することとされている事務で政令で定めるものは、地方自治法（昭和二十二年法律第六十七号）第二百五十二条の十九第一項の指定都市（以下「指定都市」という。）及び同法第二百五十二条の二十二第一項の中核市（以下「中核市」という。）においては、政令で定めるところにより、指定都市又は中核市（以下「指定都市等」という。）が処理するものとする。この場合においては、この法律中都道府県に関する規定は、指定都市等に関する規定として指定都市等に適用があるものとする。

◆編著者紹介

＜編集＞

小宅　理沙（こやけ　りさ）
東大阪大学短期大学部

吉川　知巳（よしかわ　ともみ）
東大阪大学

＜執筆＞

松井　圭三（まつい　けいぞう）……………………………………… 第1章
中国短期大学

彦坂　亮（ひこさか　あきら）……………………………………… 第2章
日本福祉大学中央福祉専門学校

中　典子（なか　のりこ）……………………………………… 第3章
中国学園大学

角田　みどり（すみだ　みどり）……………………………… 第4章
中国短期大学

名定　慎也（なさだ　しんや）……………………………… 第4章
中国短期大学

小宅　理沙（こやけ　りさ）……………………… 序章・第5章・第6章
東大阪大学短期大学部

中川　陽子（なかがわ　ようこ）……………………………… 第5章
大阪こども専門学校

浅利　武弘（あさり　たけひろ）……………………………… 第6章
中国学園大学卒業生／保育士

上田　庄一（うえだ　しょういち）……………………………………… 第6章
元奈良県高田児童相談所所長／東大阪大学

村上　逸人（むらかみ　はやと）………………………………………… 第7章
同朋大学

吉川　知巳（よしかわ　ともみ）………………………………………… 第8章
東大阪大学

槙尾　真佐枝（まきお　まさえ）…………………………… 第9章・第10章
中国学園大学

梶原　隆之（かじはら　たかゆき）……………………………………… 第11章
文京学院大学

＜執筆協力＞

池澤　由香里（いけざわ　ゆかり）……………………………………… 第5章
東大阪大学短期大学部／看護師

学籍番号 ＿＿＿＿＿＿＿＿＿＿＿＿＿＿＿

氏　　名 ＿＿＿＿＿＿＿＿＿＿＿＿＿＿＿

●課題の題目

●あなたが取り組んだ課題についてまとめて下さい。

●課題に取り組んで、気づいたこと、感じたこと、勉強になったことについて述べて下さい。

学 籍 番 号 _____

氏　　　名 _____

●課題の題目

●あなたが取り組んだ課題についてまとめて下さい。

●課題に取り組んで、気づいたこと、感じたこと、勉強になっ
　たことについて述べて下さい。

社会福祉論
― 保育士・栄養士・看護師が学ぶ社会福祉 ―

2016 年 10 月 15 日　第 1 刷発行

監　修　小宅　理沙
編　著　吉川　知巳
発行者　池上　淳
発行所　株式会社　現 代 図 書
　　　　〒 252-0333　神奈川県相模原市南区東大沼 2-21-4
　　　　TEL　042-765-6462（代）　　　　FAX　042-701-8612
　　　　振替口座　00200-4-5262　　　　ISBN　978-4-434-22504-8
　　　　URL　http://www.gendaitosho.co.jp　　E-mail　info@gendaitosho.co.jp
発売元　株式会社　星 雲 社
　　　　〒 112-0005　東京都文京区水道 1-3-30
　　　　TEL　03-3868-3275　　　　FAX　03-3868-6588

印刷・製本　モリモト印刷株式会社

落丁・乱丁本はお取り替えいたします。　　　　　　　　　　　　　Printed in Japan
本書の内容の一部あるいは全部を無断で複写複製（コピー）することは
法律で認められた場合を除き、著作者および出版社の権利の侵害となります。
©Risa Koyake, Tomomi Yoshikawa 2016